新装第2版 初めての**建築製図**

〈建築のテキスト〉編集委員会 編

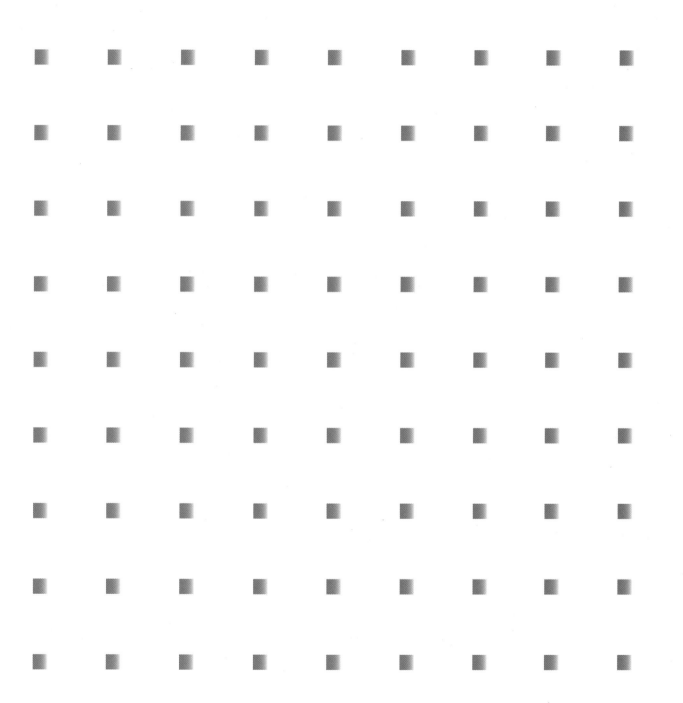

学芸出版社

ま え が き

　西日本工高建築連盟は，工業高校建築科の生徒が自主的に学習を行い，建築に関する基礎知識の修得のための手引き書となるように建築のテキスト編集委員会を編成し，「建築環境」，「建築一般構造」，「建築構造設計」，「建築積算」，「建築製図」の5巻を発刊することになった．

　内容は，工業高校建築科の生徒はもとより，専門学校，短大，大学の建築関係の学生および若い実務家に至るまでの幅広い読者層を考慮したものとなっている．

　「建築環境」は，建築物をとりまく自然環境と都市環境に関する基本的な要素と，その中で快適な室内環境をつくりだすために必要な方法をわかりやすく解説している．

　「建築一般構造」は，木造，鉄筋コンクリート造，鉄骨造を中心に，建築物の骨組みや仕上げの構成を，多くの図を用いてわかりやすく解説している．

　「建築構造設計」は，安全な建築物を設計するための基本的な考え方を対話形式で解説するとともに，鉄筋コンクリート造と鉄骨造の小規模なオフィスビルの構造計算書を例示して，構造計算の具体的な手順を詳細に解説している．

　「建築積算」は，建築数量積算基準にもとづく土工，躯体，仕上げの数量を，鉄筋コンクリート造，鉄骨造，木造の設計例を用いてわかりやすく解説している．

　「建築製図」は，木造と鉄筋コンクリート造の各種図面の作図順序を色分けをして示し，はじめて建築図面を描く場合の基本事項をわかりやすく解説している．

　最後に，本シリーズは，日頃建築教育にたずさわる本連盟の会員が知恵を出し合い，多くの図版を用いて初学者の皆さんが楽しく学べるように工夫し，編集したものである．皆さんが多少の努力をおしまず根気よく学べば，建築に関する基礎的知識が必ず修得できるものと確信している．

　発刊にあたり，貴重な資料の提供と適切な助言を賜った関係各位に深い謝意を表するとともに，出版を引き受け積極的な援助をいただいた㈱学芸出版社社長をはじめ，編集部の諸氏に厚くお礼申し上げます．

改訂版へのまえがき

　本シリーズも発行から20年を超え、法規、規格等の変更や工法、材料の変化など種々の状況変化に対応する必要がでてきた。従来から増刷等に応じて小規模な改訂は加えてきたが、今回、改めて大きな見直しを行い、ここに改訂版を発行することとした。

建築のテキスト編集委員会

まえがき

第1章　概要 ———————————————————————————— 5

第2章　木造の描き方 ———————————————————— 11

第3章　鉄筋コンクリート造の描き方──────────────── 67

●本書の使い方
　本書では，描き順にしたがって赤の線を
なぞっていけば，図面が完成するように工
夫しています．また，使いやすくなるよう
に，各ページはカッターなどでミシン目に
そって切り離せば使いやすくなります．

第1章 概　要

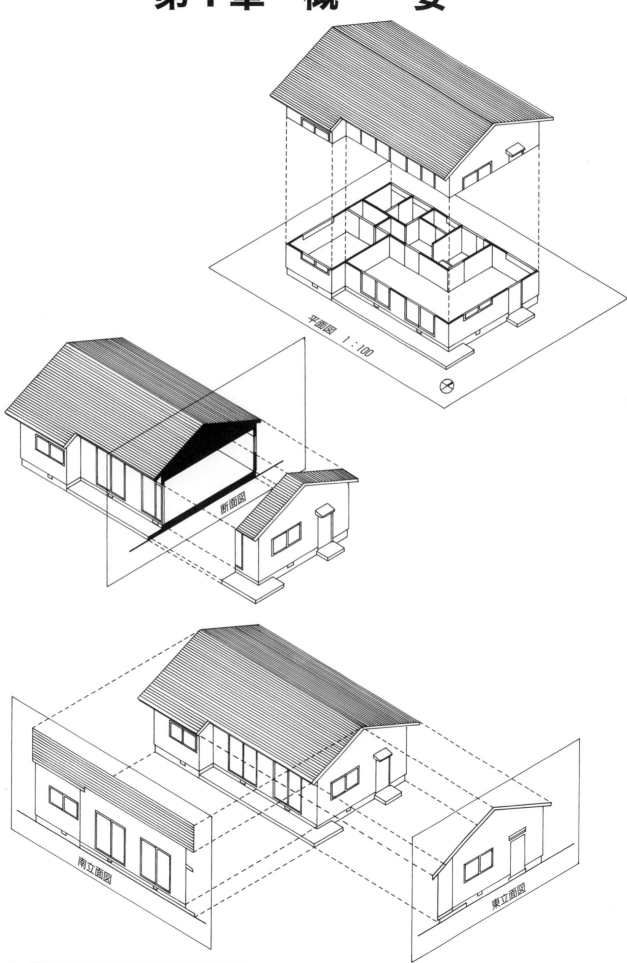

平面図　1：100

断面図

南立面図

東立面図

1·1 図面と製図

私たちが，何か物をつくろうとする場合，事前にその形や大きさなどを図面で表しておくと，より正確につくり上げることができる．特に，それを第三者に依頼したり相談をしたりする場合は，より正確で詳細に示された図面がなければ，その内容は適切に伝わらない．このように，図面は私たちの意思を伝える言葉や文字などと同様に，物をつくる場合のコミュニケーションの道具として，大切な働きをする．そして，この図面を，目的に応じて作図することを製図という．

最近は CAD（Computer Aided Design または Drawing）システムを使用した設計や作図が増えてきている．これには，作図時間の短縮がはかれたり修正や変更が容易に行えるなどの利点がある．しかし，これはあくまでも道具であり，設計製図に関する基本的な知識・技術をじゅうぶん習得したうえで，CAD を活用することが大切である．

■ 製図のルール

図面を，物をつくる場合のコミュニケーションの道具とする場合，描く人によって異なる表現では，混乱を招くことになる．そこで，誰が描いてもわかりやすいように表現上の一定のルールを定めている．それが日本工業規格（JIS）の製図通則である．その内容にはさまざまなものがあるが，初めて製図を学ぶ際に理解しておくべき基本的で重要な事項には次のようなものがある．

1）図面

図面は，図1·1に示すように用紙の長辺を左右方向に置いた位置を正位とする．ただし，A4の場合は短辺を左右方向とすることができる．輪かく線を引く場合には，表1·1のように製図用紙の大きさがA0〜A1で20mm，A2〜A4で10mmとする．

また，図面の右下隅には，図1·2のような表題欄を設け図面名称・番号・縮尺などを記入する．

2）線

線の種類には，実線・破線・一点鎖線などがあり，その太さには極太線・太線・細線がある．これらは表1·2のように組み合わされ，用途に応じて使い分けられる．

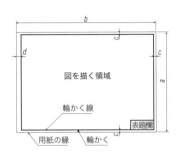 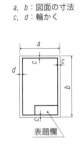

(a) A0からA4で長辺を左右方向においた場合 　(b) A4で短辺を左右方向においた場合

図1·1　図面の位置

表1·1　図面の輪かく

用紙の大きさ		c（最小） ［とじない場合 $d = c$］	とじる場合の d （最小）
A0	841mm × 1189mm	20mm	25mm
A1	594mm × 841mm		
A2	420mm × 594mm	10mm	
A3	297mm × 420mm		
A4	210mm × 297mm		

図1·2　表題欄の例

表1·2　線の用法

線 の 種 類		用 途 に よ る 名 称
極太の実線		（輪かく線）・断面線[1]
太い実線		外形線
細い実線		寸法線・寸法補助線・引出し線・回転断面線・水準面線・中心線（簡略な図示）
細い破線または太い破線		かくれ線
細い一点鎖線		中心線・基準線・ピッチ線・切断線
太い一点鎖線		特殊指定線[2]・基準線（強調する場合）・境界線[1]
細い二点鎖線		想像線・重心線
不規則な波形の細い実線またはジグザグ線		破断線
細い一点鎖線で，端部および方向の変わる部分を太くしたもの		切断線
細い実線で，規則的に並べたもの		ハッチング

注1）建築製図で用いられる線．
　2）特殊な加工を施す部分の範囲を表わすのに用いる．

3）文字

文字には，表1・3のような漢字・かな・数字・英字が用いられる．文字の大きさは，図面名称のようなタイトルには4.5mm程度が，室名や寸法その他の記入事項には3mm程度が一般に用いられる．

なお，見やすい図面を描くには，文字もわかりやすく記入することがたいせつで，それには，図1・3のように補助線を引き，文字の大きさをそろえるようにするとよい．

4）尺度

尺度には，倍尺・現寸・縮尺があり，建築図面では一般に縮尺および現寸が用いられる．縮尺は1:100や1/100のように表され，表1・4のように描かれる図面に適した縮尺が用いられる．

なお，平面図・立面図・断面図は，同一の縮尺とするのが原則である．

5）寸法

① 寸法の単位は，原則としてミリメートルとし，単位記号はつけない．ミリメートル以外の単位を用いる場合には，末尾にcmやmなどの単位記号をつける．

② 寸法線端部の表し方には，図1・4に示すようなものがあり，記入の仕方には，図1・5のように寸法補助線を引き出して寸法線を入れ，それに沿って寸法を記入する．また，間隔の狭い場合には寸法引出線を用いて記入する．

③ 同じものが等間隔で連続する場合には，＠（アットマーク）を用いて表す．

6）位置の表示

図面には，建築物各部の位置を明示するために，図1・6に示すような組立基準線を記入し，その端部には図1・7に示すいずれかの記号をつける．

寸法線の端部は，原則として組立基準線側を黒点，寸法補助線側を矢印で表示し，組立基準線からの距離は寸法補助線上に記入する（図1・8）．

表1・3 文字の種類

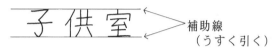

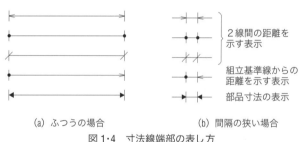

図1・3 文字の描き方

表1・4 尺度の種類と図面の種類

尺　　度	図面の種類
1/1，1/2	部分詳細図・現寸図など
1/5，1/10，1/20，（1/30）	かなばかり図，各部詳細図など
1/50，1/100，1/200，（1/300）	配置図・平面図など
1/500，1/1000，1/2000	大規模な敷地の配置図など

（　）は習慣を考慮して当分の間使用が認められている．

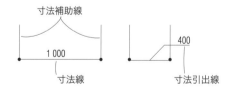

(a) ふつうの場合　　　(b) 間隔の狭い場合

図1・4 寸法線端部の表し方

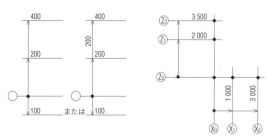

図1・5 寸法の表し方

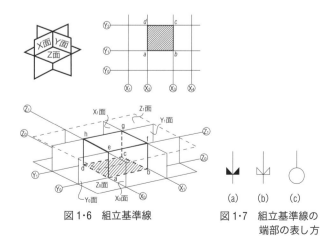

図1・6 組立基準線　　図1・7 組立基準線の端部の表し方

図1・8 組立基準線からの位置の表し方

7）角度・勾配の表示

　角度および勾配の表示には図1·9のようなものがあり，屋根勾配を表す場合は，図1·9（b）のような表示とすることが多い.

8）表示記号

　平面図やかなばかり図などで開口部や各材料などを描く場合には，原則として表1·5の平面表示記号や材料構造表示記号を用いる.

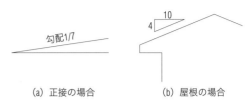

| （a）正接の場合 | （b）屋根の場合 |

図1·9　勾配の表示

表1·5　表示記号

(a) 平面表示記号

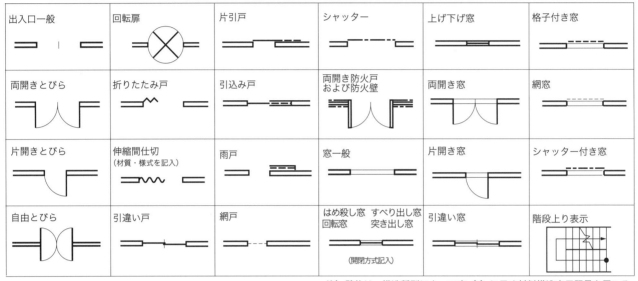

注）壁体は，構造種別によって表（b）に示す材料構造表示記号を用いる.

(b) 材料構造表示記号

縮尺程度別による区分／表示事項	縮尺1：100または1：200程度の場合	縮尺1：20または1：50程度の場合（縮尺1：100または1：200程度の場合でも用いてよい）	現寸および縮尺1：2または1：5程度の場合（縮尺1：20, 1：50, 1：100または1：200程度の場合でも用いてよい）
壁　一　般			
コンクリートおよび鉄筋コンクリート			
軽量壁一般			
普通ブロック壁			実形を描いて材料名を記入する
軽量ブロック壁			
鉄　骨			
木材および木造壁	真壁造 管柱・片ふた柱通し柱／真壁造 管柱・片ふた柱通し柱／大壁造 管柱・間柱・通し柱（柱を区別しない場合）	化粧材／構造材／補助構造材	化粧材（年輪または木目を記入する）／構造材／補助構造材／合板
地　盤			

縮尺程度別による区分／表示事項	縮尺1：100または1：200程度の場合	縮尺1：20または1：50程度の場合（縮尺1：100または1：200程度の場合）	現寸および縮尺1：2または1：5程度の場合（縮尺1：20, 1：50, 1：100または1：200程度の場合でも用いてよい）
割　ぐり			
砂　利・砂		材料名を記入する	材料名を記入する
石　材または擬石		名を記入する	石材名または擬石名を記入する
左官仕上		材料名および仕上の種類を記入する	材料名および仕上の種類を記入する
畳			
保温・吸音材		材料名を記入する	材料名を記入する
網		材料名を記入する	メタルラスの場合／ワイヤラスの場合／リブラスの場合
板ガラス			
タイルまたはテラコッタ		材料名を記入する／材料名を記入する	
その他の部材		輪かくを描いて材料名を記入する	輪かくまたは実形を描いて材料名を記入する

1・2 製図の基本

1 作図の順序

建築の図面を描く前に，まず，製図用具を準備する必要がある．これには，さまざまなものがあるが，最低限必要なものとして，製図板，Ｔ定規，三角定規，三角スケール，テンプレート，筆記用具などがあげられる．また，作図を能率よく進めるには，各図面に適した作図順序があり，表1・6に木造住宅の平面図（1:100）の概略を示す．

表1・6　作図の手順

1 (1) Ｔ定規と製図用紙の上辺を合わせ，製図板のやや左寄りに張る． (2) 製図用紙のほぼ中央に図面を描くように，図面位置を決める． (3) 柱・壁の中心線をうすく引く（細い一点鎖線）． 　（水平線は左から右へ引き，垂直線は下から上へ引く．）	**4** (6) 窓・出入口などの開口部の位置をとる． (7) 引違い戸などの建具を記入する（極太の実線）． (8) 開き扉などの軌跡はテンプレートまたはコンパスを用いて描く（細い実線）．
	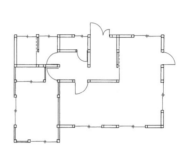
2 (4) 中心線を基準とし，図のように柱幅・壁厚を振り分け，下書きする． 　（この場合の柱幅・壁厚は1mm程度で描く）．	**5** (9) 流し・浴槽などの設備機器，造付けの家具などを描く（太い実線）． 　（移動家具は，太い破線で描くことがある．） (10) テラス，ポーチ，和室などの床仕上げを描く（太い実線）．
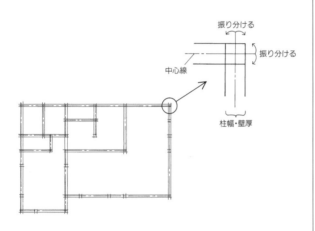	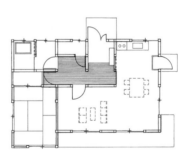
3 (5) 柱や真壁・大壁などの断面部分を仕上げる（極太の実線）．	**6** (11) 寸法線，寸法補助線を引き，寸法を記入する（細い実線）． (12) 断面線，かなばかり図の位置を示す切断位置を表示する． (13) 室名，図面名・縮尺，方位などを記入し，完成させる．
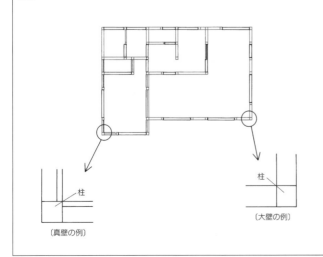	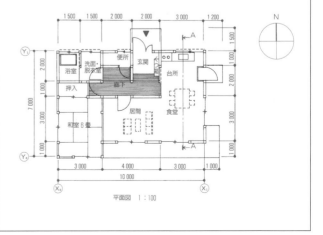

2 建築図面の種類

建築図面の種類とその内容には, 表1・7に示すようなものがある.

表1・7　建築図面の種類と内容

	図面の種類	内　　容
一般図	配　　置　　図	敷地内における建築物の位置や周辺の状況などを表す
	平　　面　　図	各階の間取りなどを床上1～2m程度のところを水平に切断して表す
	立　　面　　図	建築物の外観を表す
	断　　面　　図	建築物を垂直に切断し, 基準高さなどを表す
	か　な　ば　か　り　図	主要な室の軒先から室内の一部までを垂直に切断し, 基準高さ, 構造・材料・仕上げ方法などを詳細に表す
	各　部　詳　細　図	開口部や階段などの各部分を詳細に表す
	屋　　根　　伏　　図	建物を上から見おろし, 屋根の形や仕上げなどを表す
	天　　井　　伏　　図	建築物の各室における天井の形や仕上げなどを表す
	展　　　開　　　図	各室における壁面の形や仕上げなどを表す
	建　　具　　表	使用する建具の種類や仕上げなどを表す
	仕　　上　　表	外部と内部に用いられる材料や仕上げを表す
	透　視　図（パース）	建築物の外観や内観を立体的に表す
構造図	基　　礎　　伏　　図	基礎の種類や大きさ・配置状態を表す
	床　　　伏　　　図	床の骨組の状態を表す
	軸　　　組　　　図	壁の骨組の状態を表す
	小　　屋　　伏　　図	屋根の骨組の状態を表す
	梁　　　伏　　　図	各階の梁, 柱などの配置状態を表す
	配　　　筋　　　図	各階の配筋の状態を表す
	断　　面　　リ　ス　ト	柱・梁・基礎の断面寸法, 鉄筋の径と本数などを表す
設備図	給　排　水　設　備　図	給水と排水の配管状態などを表す
	電　気　設　備　図	電気配線や各種電気機器の配置などを表す
	ガ　ス　設　備　図	ガス管の配管状態などを表す
	空　調　設　備　図	空気調和設備の配管や各種空調機器の配管状態などを表す
その他	仕様書（仕上表を含む）, 構造計算書, 施工図など	

3 チェックリスト

各図面には, その目的によりさまざまな表示すべき項目があり, 次の表はその主要な項目を示したチェックリストである.

各図面を描いた際に, 記入もれがないかどうか確認してみよう.

表1・8　チェックリスト

平面図

番号	チェック項目	チェック欄
1	柱の記入もれはないか	
2	真壁と大壁の区別はできているか	
3	窓・出入口は描かれているか	
4	開き勝手は描かれているか	
5	階段の上り方向の表示は描かれているか	
6	床仕上げは描かれているか	
7	浴槽, 便所などの設備機器は描かれている	
8	造付け家具は描かれているか	
9	テラス・ポーチは描かれているか	
10	通し柱の表示は描かれているか	
11	断面図・かなばかり図の切断位置を示す切断線は記入されているか	
12	外壁中心線間寸法や間仕切壁中心線間寸法などが記入されているか	
13	方位は描かれているか	
14	室名は記入されているか	
15	図面名・縮尺は描かれているか	

断面図

番号	チェック項目	チェック欄
1	最高高は示されているか	
2	軒高は示されているか	
3	階高は示されているか	
4	床高は示されているか	
5	天井高は示されているか	
6	開口部内法高は示されているか	
7	腰高は示されているか	
8	屋根勾配は示されているか	
9	軒の出は示されているか	
10	外壁中心線間寸法は記入されているか	
11	間仕切壁中心線間寸法は記入されているか	
12	地盤線は描かれているか	
13	室名は記入されているか	
14	図面名・縮尺は描かれているか	

立面図

番号	チェック項目	チェック欄
1	窓・出入口は描かれているか	
2	ひさし・戸袋は描かれているか	
3	屋根・外壁の仕上げ状態は描かれているか	
4	換気口は描かれているか	
5	地盤線は描かれているか	
6	図面名・縮尺は描かれているか	

立面図

番号	チェック項目	チェック欄
1	基礎は示されているか	
2	軒高は示されているか	
3	階高は示されているか	
4	床高は示されているか	
5	天井高は示されているか	
6	開口部内法高は示されているか	
7	腰高は示されているか	
8	屋根勾配は示されているか	
9	軒の出は示されているか	
10	各部材の名称・材種・断面寸法は記入されているか	
11	各部の仕上げ寸法は示されているか	
12	主要な寸法は記入されているか	
13	地盤線は描かれているか	
14	室名は記入されているか	
15	図面名・縮尺は描かれているか	

第2章　木造の描き方

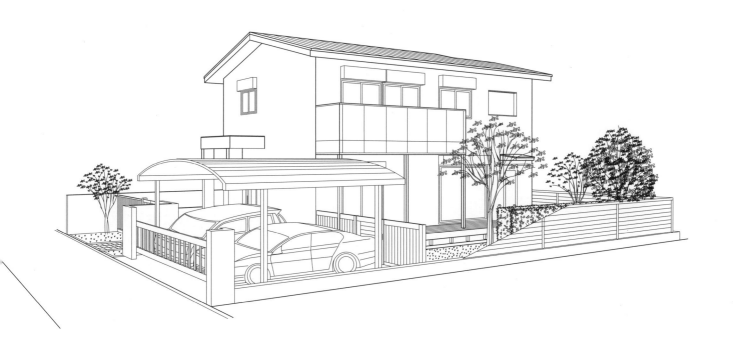

◇建築概要◇

a. 用　　　途　専用住宅
b. 地 域 地 区　第一種低層住居専用地域
c. 敷 地 面 積　247m²
d. 1 階 床 面 積　69.56m²
e. 2 階 床 面 積　64.59m²
f. 建 築 面 積　78.89m²（建ぺい率31.9%）
g. 延 べ 面 積　134.15（容積率54.3%）
h. 構 造・階 数　木造2階建

◇外部仕上◇

a. 屋　　　根　アルミニウム・亜鉛合金めっき鋼板 立はぜ葺き
b. 外　　　壁　化粧サイディングボード張り
c. 開 口 部　アルミサッシ（一部シャッター雨戸付）

2・1 まず知っておこう

木造の図面を描き始める前に，下の断面パースで，
構造や部材の構造を把握しておこう.

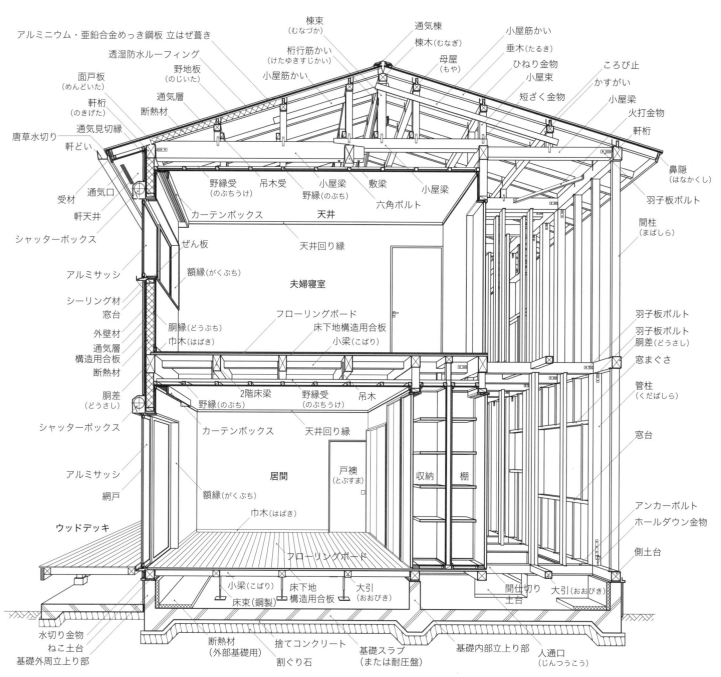

アルミニウム・亜鉛合金めっき鋼板 立はぜ葺き
透湿防水ルーフィング
面戸板（めんどいた）
野地板（のじいた）
軒桁（のきげた）
通気層
断熱材
唐草水切り
通気見切縁
軒どい
受材
通気口
軒天井
シャッターボックス
アルミサッシ
シーリング材
窓台
外壁材
通気層
構造用合板
断熱材
胴差（どうさし）
シャッターボックス
アルミサッシ
網戸
ウッドデッキ

棟束（むなづか）
桁行筋かい（けたゆきすじかい）
小屋筋かい
野縁受（のぶちうけ）
吊木受
小屋梁
野縁（のぶち）
敷梁
六角ボルト
カーテンボックス
ぜん板
額縁（がくぶち）
天井回り縁
フローリングボード
床下地構造用合板
胴縁（どうぶち）
小梁（こばり）
巾木（はばき）
2階床梁
野縁受（のぶちうけ）
野縁（のぶち）
吊木
カーテンボックス
天井回り縁
居間
額縁（がくぶち）
戸襖（とぶすま）
巾木（はばき）
収納
棚
フローリングボード

棟木（むなぎ）
通気棟
母屋（もや）
小屋筋かい
垂木（たるき）
ひねり金物
小屋束
短ざく金物
かすがい
小屋梁
火打金物
軒桁
鼻隠（はなかくし）
羽子板ボルト
間柱（まばしら）
羽子板ボルト
羽子板ボルト
胴差（どうさし）
窓まぐさ
管柱（くだばしら）
窓台
アンカーボルト
ホールダウン金物
側土台

天井
夫婦寝室

小梁（こばり）
床束（鋼製）
床下地構造用合板
大引（おおびき）
間仕切り土台
大引（おおびき）

水切り金物
ねこ土台
基礎外周立り部
断熱材（外部基礎用）
捨てコンクリート
割ぐり石
基礎スラブ（または耐圧盤）
基礎内部立り部
人通口（じんつうこう）

〈完成図〉

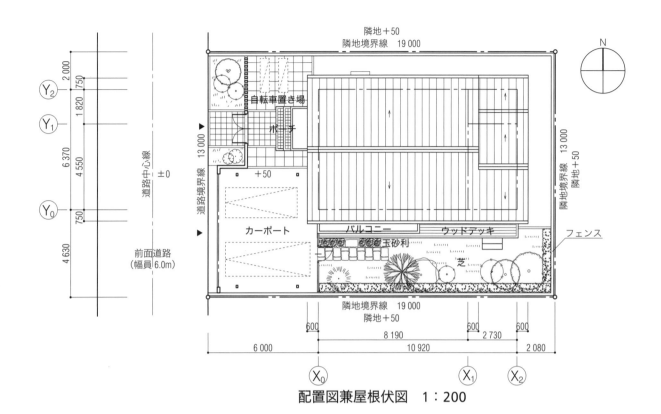

配置図兼屋根伏図　1：200

植栽の平面記号の例

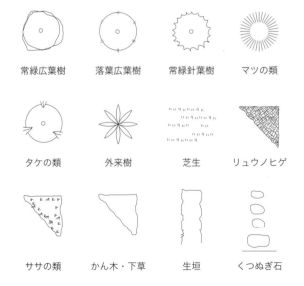

常緑広葉樹　　落葉広葉樹　　常緑針葉樹　　マツの類

タケの類　　　外来樹　　　　芝生　　　　　リュウノヒゲ

ササの類　　　かん木・下草　　生垣　　　　　くつぬぎ石

● 配置図に記入しなければならないものには，敷地の大きさ，建築物の位置，前面道路，隣地境界線，道路境界線，植栽，カーポート，物置などがある．

● 屋根の表示については図のような屋根伏図を描く場合と，外壁の内側をハッチングで表す場合の，2種類の方法がある（第3章参照）．

● 配置図は，原則として上側が北となるように描く．

2・2　配置図

1) 敷地境界線・道路境界線，建築物の外壁中心線の下書き

配置図兼屋根伏図を1:200の縮尺で描く．建築物の規模が小さい場合は1:100でもよい．
(1) 隣地境界線，道路境界線・道路中心線を下書きする．
(2) 建築物の外壁中心線を下書きする（下書き線は薄い実線でよい）．

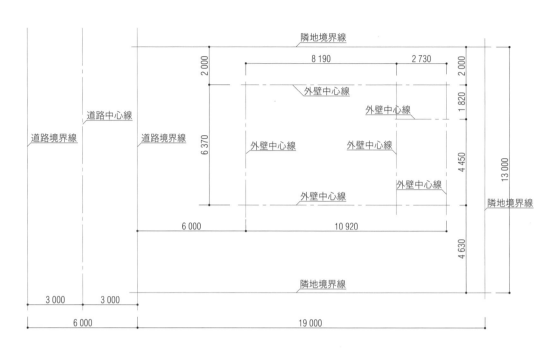

2) 屋根伏図の下書き

(1) 外壁中心線から軒の出（600mm）・けらばの出（600mm）を下書きする．
(2) 屋根の立はぜ（400mm，端部はなりゆき）を下書きする．
(3) 玄関ポーチ・屋根，テラス，2階バルコニー中心線を下書きする．
(4) 物置踏み台を記入する（太い実線）．

※ なりゆきとは，2点間を一定の間隔で割り付けた際に生じる端数をいう．本例では屋根の折方向の中心から割り付け，端数がなりゆきとなる．

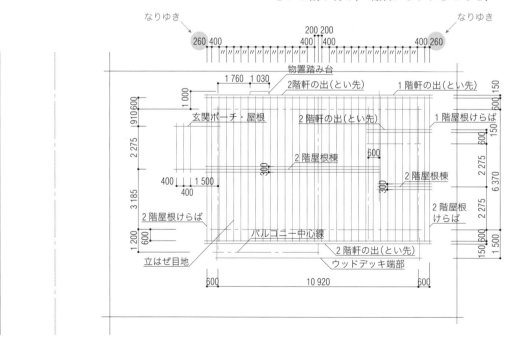

3) 敷地境界線，屋根伏図などの仕上げ

(1) 敷地境界線を仕上げる（極太の一点鎖線）．
(2) 道路境界線を仕上げる（極太の実線）．
(3) 外壁の中心線を仕上げる（太い一点鎖線）．
(4) 道路中心線を仕上げる（太い一点鎖線）．
(5) 屋根を仕上げる（太い実線）．
(6) ポーチ・バルコニー・ウッドデッキを仕上げる（太い実線）．
　※ 屋根の立はぜ・ポーチ・ウッドデッキの目地は
　　細い実線で描く．

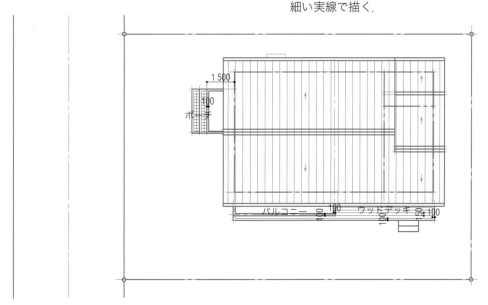

4) 外構，寸法・名称・方位の記入

(1) 敷地内にあるカーポート，植栽，フェンスなどのエクステリアを記入する（太い実線）．
　※ 自転車・車は太い破線で記入する．
(2) 道路幅員・各部の名称，出入口表示（▲）を記入する．
(3) 敷地の大きさや建築物の位置を示す寸法を記入する（寸法補助線・寸法線は細い実線）．
(4) 図面名，縮尺，方位を記入し完成させる．

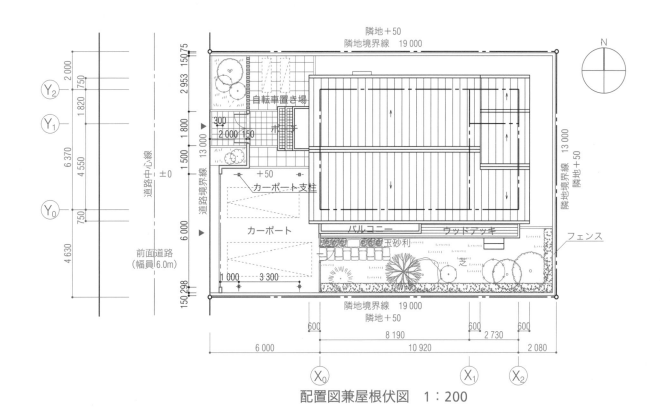

配置図兼屋根伏図　1：200

屋根伏図の描き方

切妻屋根の場合　　　　　　　　　〈完成図〉

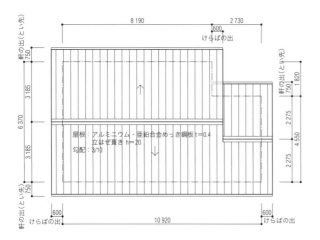

1）外形を下書きする（図A参照）

(1) 外壁の中心線を描く①.
(2) 軒の出②，軒とい幅③，けらばの出④の線を描く.
(3) 棟の線⑤を描く（梁間 L1・L2 の中心）.
(4) 勾配の方向を示す矢印⑥を描いて，雨水の流れを確認する.

図A

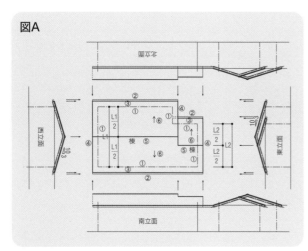

2）姿を仕上げる（図B参照）

(5) 棟に沿って包板⑦を描く.
(6) 立はぜの間隔⑧を割り付ける.
（軒の長さの最長部分の中心を求め，それを基準に割付ける. 本例では 400mm 間隔とする. 端部が狭くなる場合は，中心を基準に 200mm ずつ割振り，そこから 400mm で割付ける）.
(7) 全体を整えて仕上げる.

図B

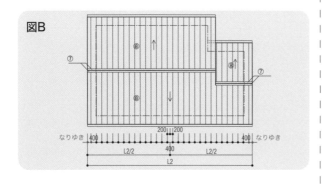

寄棟屋根の場合　　　　　　　　　〈完成図〉

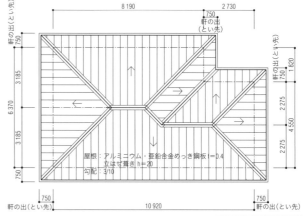

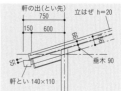

1）外形を下書きする（図C参照）

(1) 外壁の中心線①を描く.
(2) 軒の出②，軒とい幅③の線を描く.
(3) 各隅部から 45 度の隅棟の線④を下書きする.
(4) 隅棟の交点間に棟⑤と谷⑥を下書きする.
(5) 勾配の方向を示す矢印⑦を描いて棟と谷を明確にし，雨水の流れを確認する.

図C

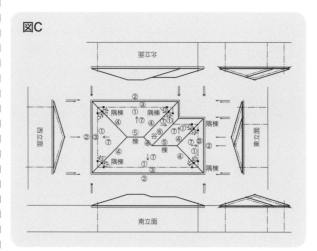

2）姿を仕上げる（図D参照）

(6) 棟と隅棟に包板⑧，谷に谷どい⑨を描く.
(7) 立はぜの間隔を割り付ける⑩（割付け方は切妻屋根の例を参照）.
(8) 全体を整えて仕上げる.

図D

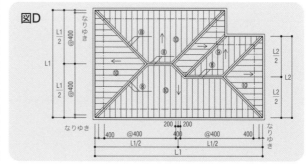

　この立体図は，床面から約1.5mの高さで水平に切り，上から見下ろしたものである.

　1階平面図を描く前に完成図と見比べておこう.

　※平面図は，原則として上側を北となるように描く.

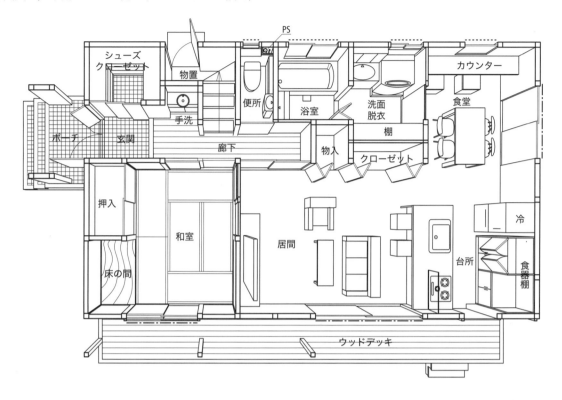

〈完成図〉

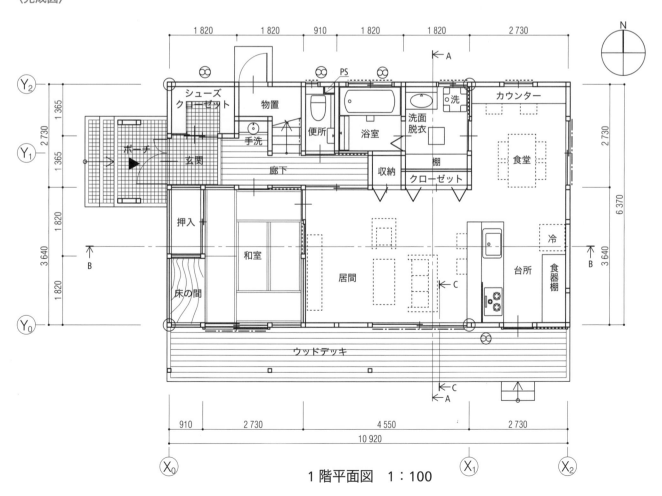

1階平面図　1：100

2・3　1階平面図

1) 中心線の記入

1階平面図を1:100の縮尺で描く.
(1) 壁心を引く（細い一点鎖線）.
(2) 柱心を引く（細い一点鎖線）.
　※ 平面図は線の間隔が狭いため，中心線は下書き線と
　　して薄く描くとよい.

玄関回り寸法

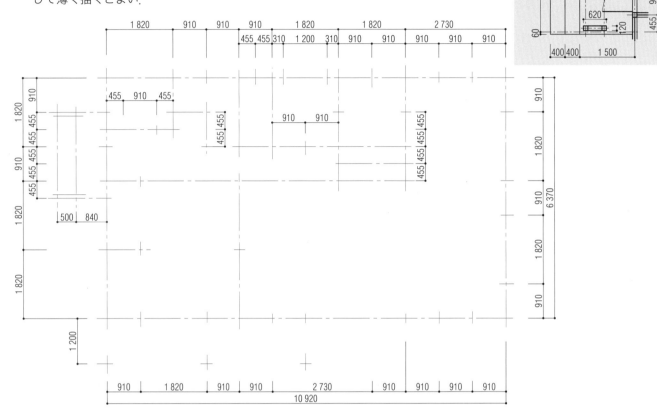

2) 柱・壁の下書き

(1) 壁厚・柱幅を壁心・柱心から振り分け，下書きする
　（図A参照）.
(2) 開口部に必要な柱幅を下書きする.
(3) 半柱①～⑧を下書きする（図B参照）.

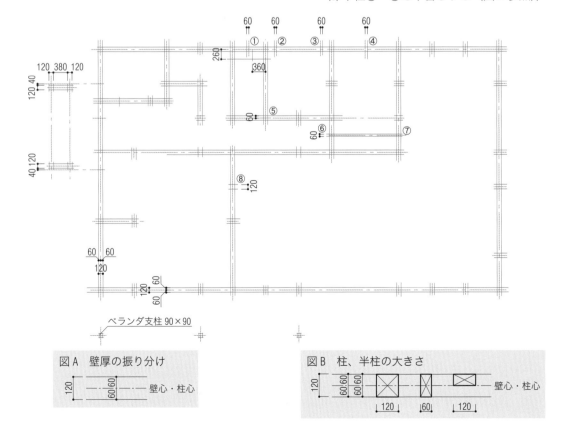

図A　壁厚の振り分け

図B　柱、半柱の大きさ

3）柱の仕上げ

(1) 柱を仕上げる（極太の実線）.
　※柱は1本ずつ仕上げるのではなく，水平方向，垂直方向を連続して仕上げる（図A参照）.
(2) 通し柱に〇印を記入する（太い実線）.

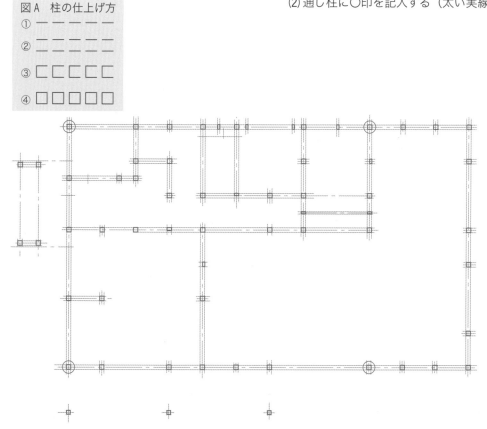

図A　柱の仕上げ方

4）壁の仕上げ

(1) 壁を仕上げる（極太の実線）.
　※大壁は，柱と仕上げの壁を一直線上に表すが真壁は，柱と仕上げの壁の位置をずらして描く（図B・図C参照）.
(2) 開口部の敷居を仕上げる（太い実線）.

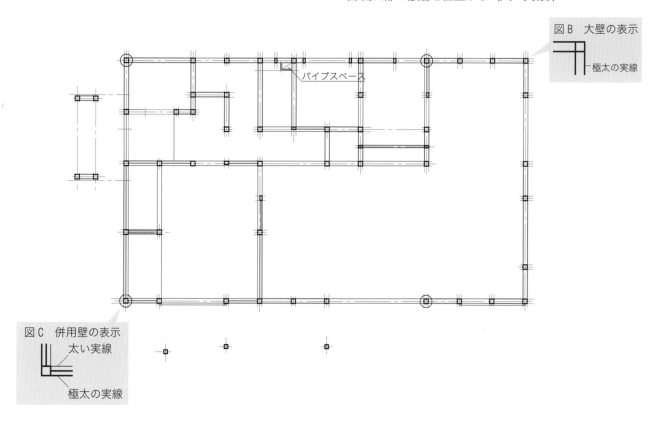

図B　大壁の表示
極太の実線

パイプスペース

図C　併用壁の表示
太い実線
極太の実線

5）建具の記入

(1) 建具を記入する（極太の実線）．開戸の軌跡は細い実線
で描く．
　　※テンプレート（円定規）を使用すると，扉の軌跡が
　　　簡単に描ける（図A参照）．
(2) 面格子を記入する（極太の破線）．
　　※面格子：外部の窓などに防犯のために設ける格子．
(3) 雨戸シャッターを記入する（極太の一点鎖線）．

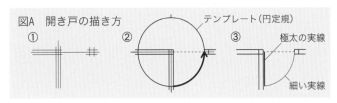

図A　開き戸の描き方

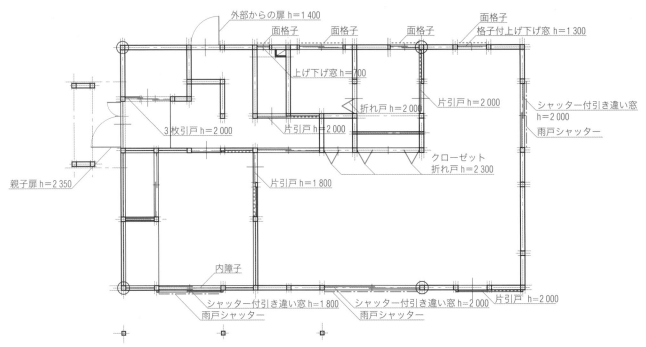

6）玄関・ポーチ・ウッドデッキなどの記入

(1) 玄関ポーチ，ウッドデッキ，物置踏み台を記入する
（太い実線）．

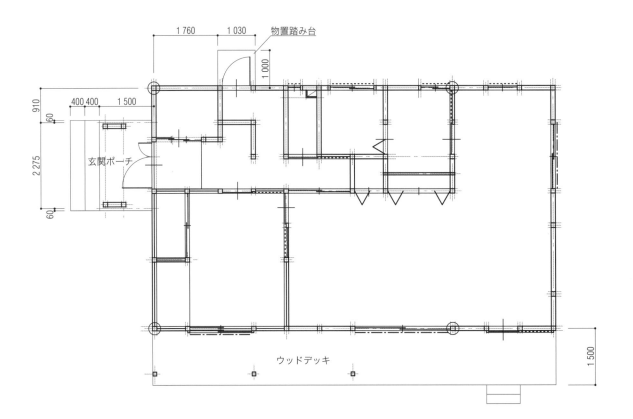

7）階段・設備機器・家具の記入

(1) 階段の踏面を割付け，踏面を記入する（太い実線）.
(2) 階段手すりを記入する（太い一点鎖線）.
(3) 階段とポーチの踏面に上がる方向を表す矢印を引く（太い実線）.
(4) 便器・洗面台・床下点検口・流し台・浴槽・造りつけ家具・換気扇の記号などを描く（太い実線）.
(5) 机・椅子などの移動家具を記入する（太い破線）.

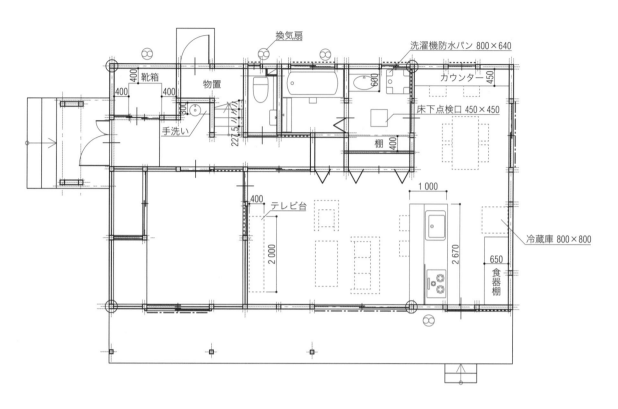

8）畳，廊下・タイルなどの目地の記入

(1) 廊下・ウッドデッキの縁甲板の目地を 150mm 間隔で描く（細い実線）.
(2) 和室の畳目地，床板の木目を記入する（細い実線）.
(3) 玄関，ポーチ，シューズクローゼットのタイル目地を 100 × 100mm で記入する（細い実線）.

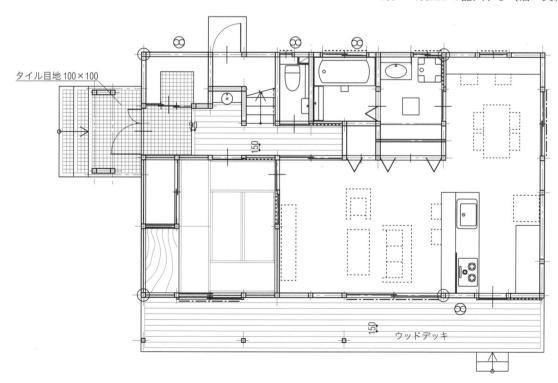

9) 寸法・名称・方位などの記入

(1) 寸法線・寸法補助線（細い実線）を引き，寸法・基準記号を記入する．
　※ 寸法の間隔は，各室の面積を算出できるようにとる．
(2) 断面図，かなばかり図の切断個所を示す線を引く（細い一点鎖線）．
　※ 切断線の両端部は太線とし，みた方向を示す矢印を記入する．
　　 切断位置を識別する符号は，矢印の近くに英字の大文字で上向きに書く．
(3) 室名，図面名・縮尺，方位を記入し完成させる．

1階平面図　1：100

◎資料編：一般的な家具寸法

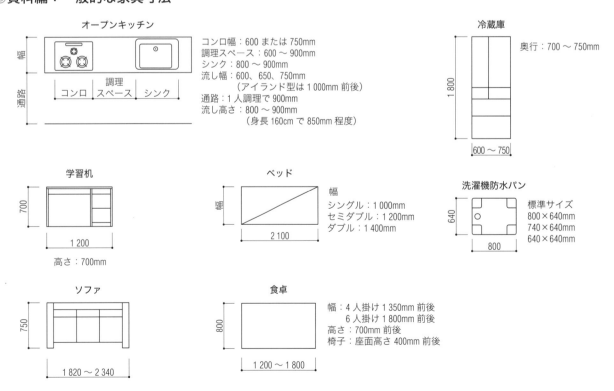

オープンキッチン

コンロ幅：600 または 750mm
調理スペース：600〜900mm
シンク：800〜900mm
流し幅：600、650、750mm
　　　（アイランド型は 1 000mm 前後）
通路：1人調理で 900mm
流し高さ：800〜900mm
　　　（身長 160cm で 850mm 程度）

冷蔵庫

奥行：700〜750mm

学習机

高さ：700mm

ベッド

幅
シングル：1 000mm
セミダブル：1 200mm
ダブル：1 400mm

洗濯機防水パン

標準サイズ
800×640mm
740×640mm
640×640mm

ソファ

食卓

幅：4 人掛け 1 350mm 前後
　　6 人掛け 1 800mm 前後
高さ：700mm 前後
椅子：座面高さ 400mm 前後

〈完成図〉

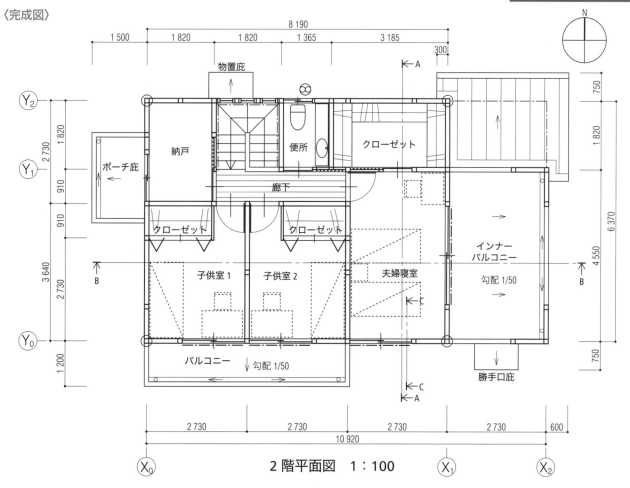

2階平面図 1:100

1) 中心線の記入

2階平面図を1:100の縮尺で描く.
(1) 壁心を引く(細い一点鎖線).
(2) 柱心を引く(細い一点鎖線).
(3) ポーチ屋根とバルコニー手すりと物置庇と勝手口庇の

中心線を引く(細い一点鎖線).
※ 平面図は線の間隔が狭いため, 中心線は下書き線として薄く描くとよい.

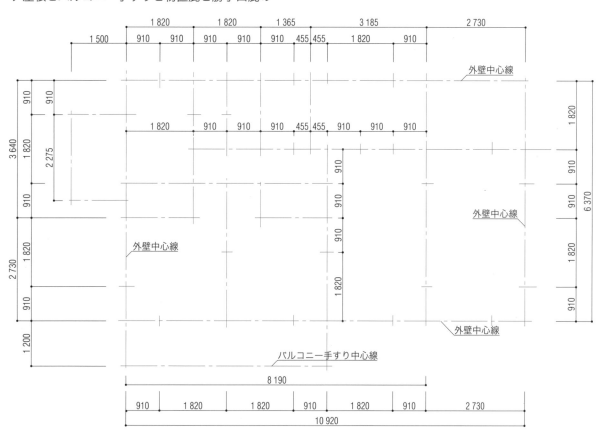

2・4 2階平面図

2) 柱・壁などの下書き

(1) 柱幅・壁厚を柱心・壁心から60mm ずつ振り分け，下書きする．
(2) 方立(120 × 60mm)①〜⑥，半柱(120 × 60mm)⑦〜⑩ を下書きする．
(3) 玄関ポーチの屋根を下書きする．
(4) バルコニー手すりを下書きする．
(5) 物置庇・勝手口庇を下書きする．

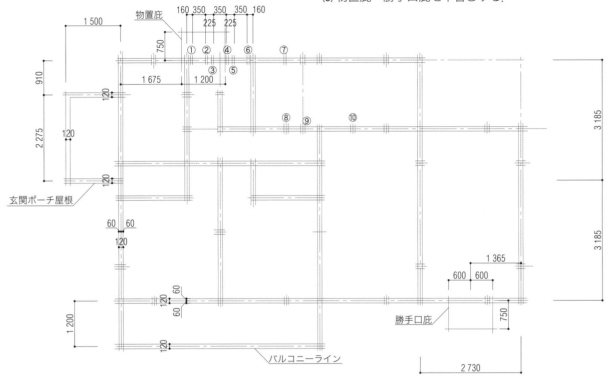

3) 柱の仕上げ

(1) 柱・半柱・方立①〜⑩を仕上げる（極太の実線）．
　　※柱は1本ずつ仕上げるのではなく，水平方向，垂直柱方向を連続して仕上げる（p.19 図A 参照）.
(2) 通し柱に〇印を記入する（太い実線）.

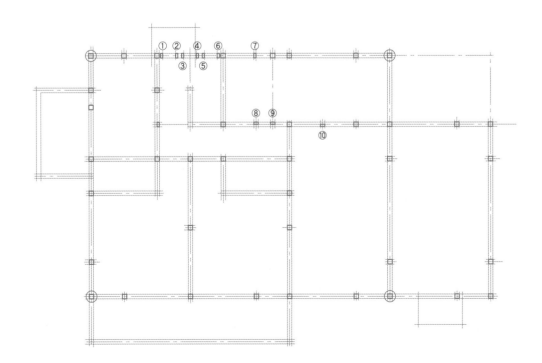

4)　壁などの仕上げ，建具の記入

(1) 壁を仕上げる（極太の実線）.
(2) 建具を記入する.
　※ 開き戸の扉は極太の実線，軌跡は細い実線で引く.
　　片引戸の扉は極太の実線，軌跡は極太の破線で引く.
　　雨戸シャッターは極太の一点鎖線で引く.
(3) 開口部の敷居を仕上げる（太い実線）
(4) 1階壁心を仕上げる（太い一点鎖線）.

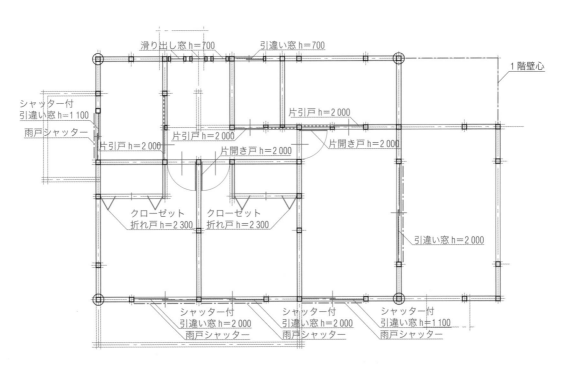

滑り出し窓 h=700　　引違い窓 h=700
1階壁心
シャッター付
引違い窓 h=1 100
雨戸シャッター
片引戸 h=2 000
片引戸 h=2 000
片引戸 h=2 000
片開き戸 h=2 000
片開き戸 h=2 000
引違い窓 h=2 000
クローゼット
折れ戸 h=2 300
クローゼット
折れ戸 h=2 300
シャッター付
引違い窓 h=2 000
雨戸シャッター
シャッター付
引違い窓 h=2 000
雨戸シャッター
シャッター付
引違い窓 h=1 100
雨戸シャッター

5)　階段・設備機器・家具の記入

(1) 階段の踏面を割付け，踏面を記入し，踏面に上がる方向を表す矢印を引く（太い実線）.
(2) 階段手すりを記入する（太い一点鎖線）.
(3) 便器その他の設備機器・換気扇記号，クローゼット内の固定家具を記入する（太い実線）.
(4) クローゼット内のハンガー・吊り棒を記入する（細い実線）.
(5) 移動家具を記入する（太い破線 p.22 の資料参考）.
(6) 廊下のフローリング目地を150mm 間隔で記入する（細い実線）.

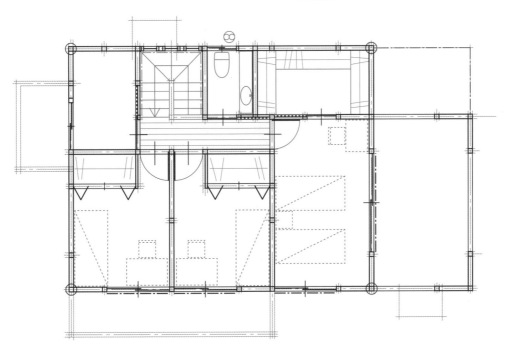

6）1階屋根，ポーチ屋根，バルコニーの仕上げ

（1）1階屋根を仕上げる（外形線は太い実線，屋根立はぜ目地は細い実線）．

（2）ポーチ屋根，バルコニー手すり，勝手口庇を仕上げる

（太い実線）．

（3）ポーチ屋根・バルコニー手すりの排水溝，排水口を記入し，水下方向を表す矢印を引く（太い実線）．

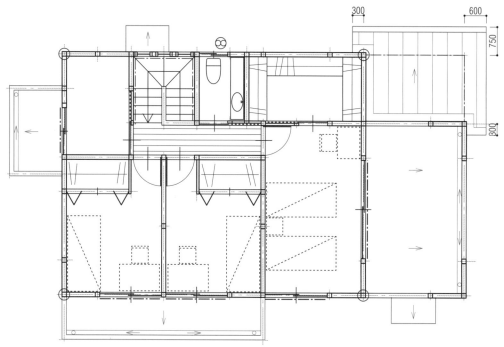

7）寸法・名称・方位などの記入

（1）寸法線・寸法補助線（細い実線）を引き，寸法・基準記号を記入する．

　　※寸法の間隔は，各室の面積を算出できるようにとる．

（2）断面図，かなばかり図の切断個所を示す線を引く（細い一点鎖線）．

※切断線の両端部は太線とし，みた方向を示す矢印を記入する．

　切断位置を識別する符号は，矢印の近くに英字の大文字で上向きに書く．

（3）方位，室名，図面名・縮尺を記入し，完成させる．

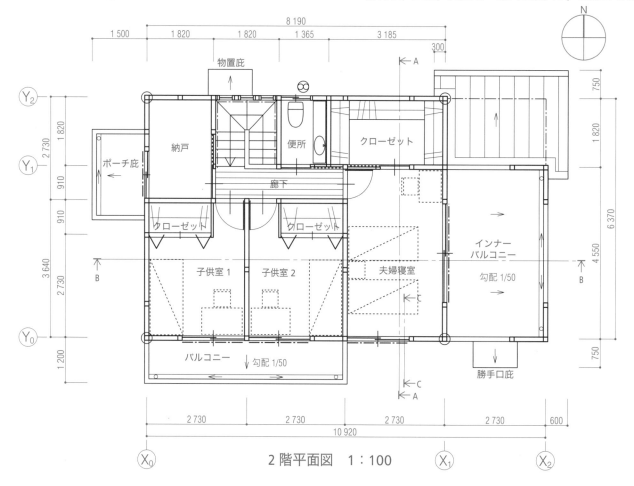

2階平面図　1：100

　断面図は平面図と異なり，垂直方向に切断された面を描くものであり，切断位置は上下階開口部のある場所を選ぶようにする．

〈完成図〉

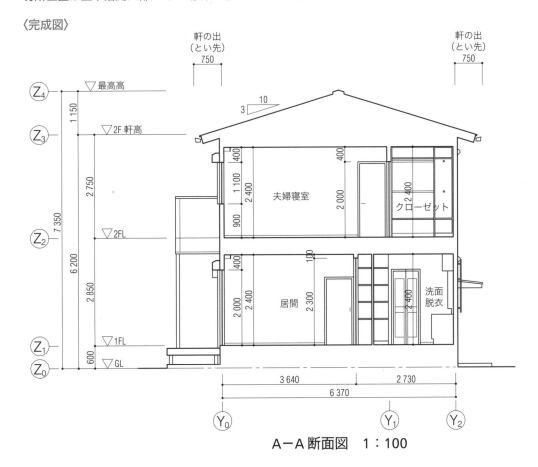

A－A 断面図　1：100

1) 基準線・中心線の記入

A -A 断面図を 1：100 の縮尺で描く．
(1) 地盤線（GL）①の下書きする（細い一点鎖線）．
(2) 高さの基準線②～④を引く（細い一点鎖線）．
　※②：1 階床高，③：2 階床高，④：2 階軒高
(3) 外壁心⑤・⑥，軒の出⑦'・⑧'を引く（細い一点鎖線）．
(4) 屋根勾配の基準線⑦・⑧を引く（細い一点鎖線）．

※ 3/10 の勾配線は，軒高基準線と外壁中心線の交点上を通るように引く．
(5) 内壁心⑨・⑩を引く（一点鎖線）．
(6) 軒の出，バルコニー手すり中心線を引く（細い一点鎖線）．
　※ 断面図は線の間隔が狭いため，中心線は下書き線として薄く描くとよい．

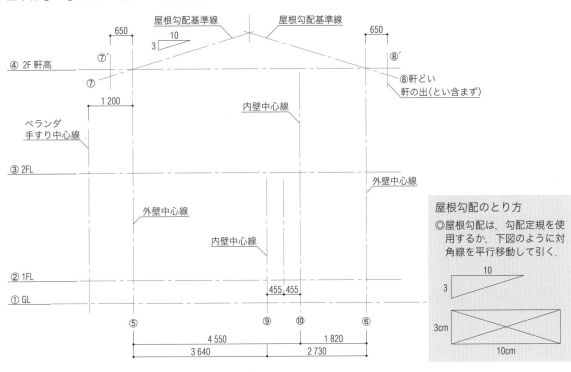

屋根勾配のとり方
◎屋根勾配は，勾配定規を使用するか，下図のように対角線を平行移動して引く．

2）屋根・壁・天井の下書き

(1) 屋根の厚さを下書きする（図 A 参照）.
(2) 壁厚を壁心から振り分けて，下書きする.
(3) 1・2 階の各床面から天井面までの高さ（天井高さ）を
　　下書きする.
(4) バルコニーを下書きする（p.66 詳細図参照）.

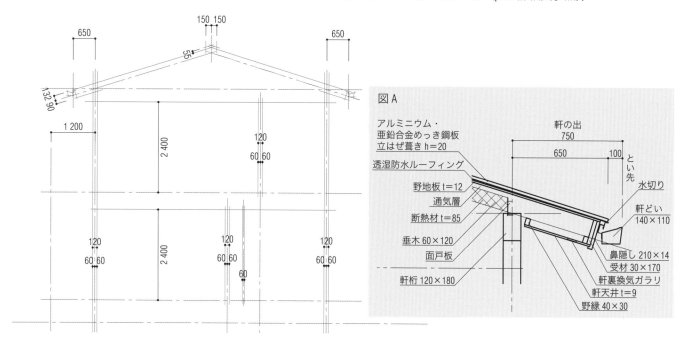

図 A

アルミニウム・
亜鉛合金めっき鋼板
立はぜ葺き h＝20
透湿防水ルーフィング
野地板 t＝12
通気層
断熱材 t＝85
垂木 60×120
面戸板
軒桁 120×180
軒の出
750
650　100
とい先
水切り
軒どい
140×110
鼻隠し 210×14
受材 30×170
軒裏換気ガラリ
軒天井 t＝9
野縁 40×30

3）バルコニー・ウッドデッキ，開口部の下書き

(1) 各開口部の高さを下書きする.
(2) バルコニー・ウッドデッキ・シャッターを下書きする
　　（図 B 参照）.

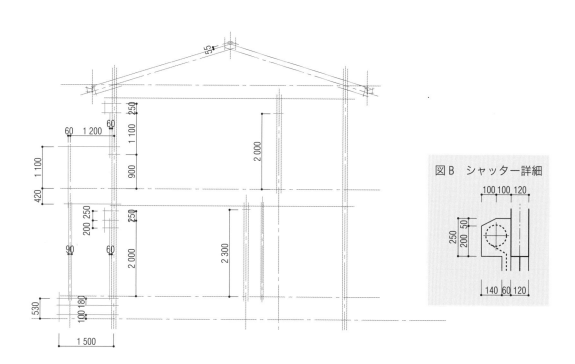

図 B　シャッター詳細

4）屋根・壁・天井・床などの仕上げ

(1) 屋根・壁・天井・床などを仕上げる（極太の実線）.
(2) 地盤線（GL）を仕上げる（極太の実線）.
(3) カーテンボックスの見えがかりを記入する（太い実線）.

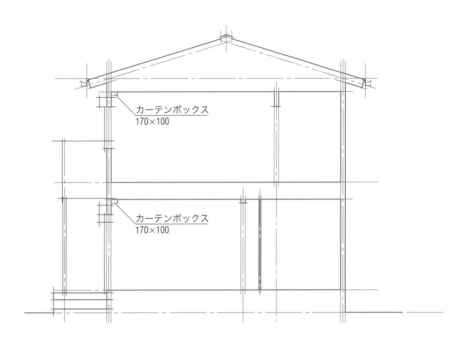

カーテンボックス
170×100

カーテンボックス
170×100

5）開口部，バルコニー・ウッドデッキなどの仕上げ

(1) 開口部を仕上げる.
　　（建具・シャッター：極太の実線，枠：太い実線）
(2) バルコニー姿，面格子，庇，換気フード，ウッドデッキの束を記入する（太い実線）.

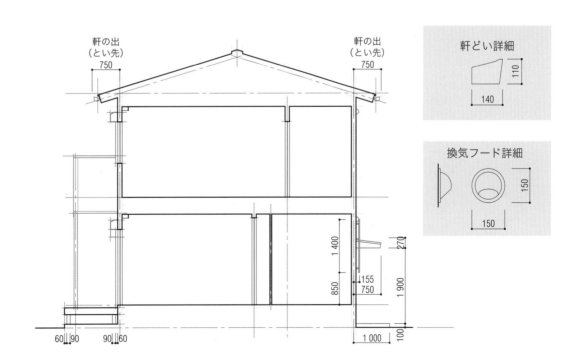

軒の出
（とい先）
750

軒の出
（とい先）
750

軒どい詳細
110
140

換気フード詳細
150
150

1 400
850
270
155
750
1 900
1 000
100
60　90
90　60

6）壁面の姿の記入

（1）収納の棚の断面を記入する（太い実線）.
（2）壁面の扉・洗面台・棚・巾木の姿を記入する（太い実線）.

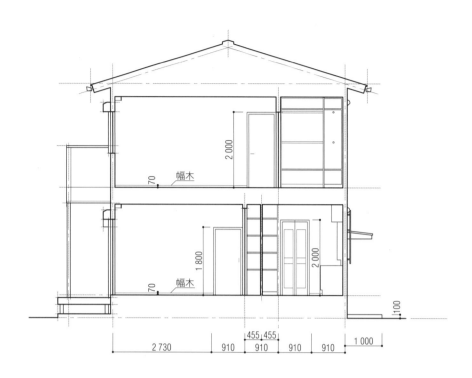

7）寸法・名称の記入

（1）寸法線・寸法補助線（細い実線）を引き，寸法・基準
記号を記入する.
（2）室名，図面名・縮尺を記入し完成させる.

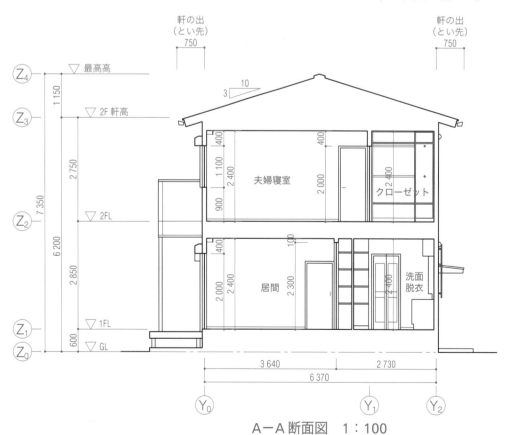

A－A 断面図　1：100

〈B‑B 断面図〉

〈完成図〉

　平側の断面図を描く場合，屋根は棟の部分で切断したものとして表す.

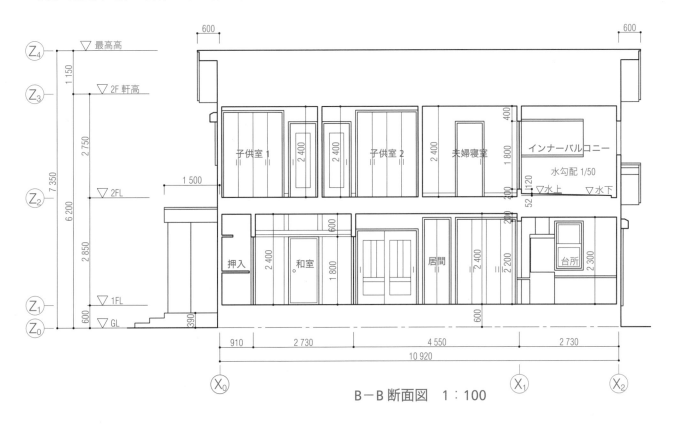

B－B 断面図　1：100

◎断面図と立面図の関係

立面図は，東・西・南・北それぞれの方向から見た外観を表したものである.
立面図を描くのに必要な各部の高さは，断面図の高さを利用すると便利である.

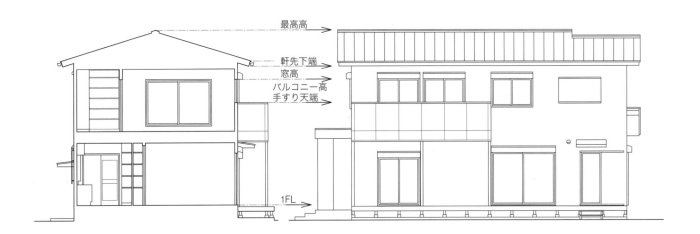

〈完成図〉

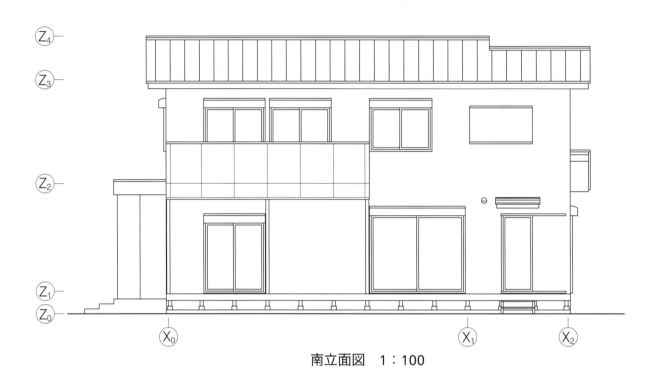

南立面図　1：100

1) 基準線・中心線の記入

南立面図を 1:100 の縮尺で描く.
(1) 地盤線 (GL) ①を引く (細い一点鎖線).
(2) 高さの基準線②〜④を引く (細い一点鎖線).
　※ ②：1 階床高, ③：2 階床高, ④：2 階軒高
(3) 外壁心⑤・⑥を引く (細い一点鎖線).
(4) 基準線⑦〜⑰を引く (一点鎖線).
　※ 立面図は線の間隔が狭いため, 中心線は下書き線として薄く描くとよい.

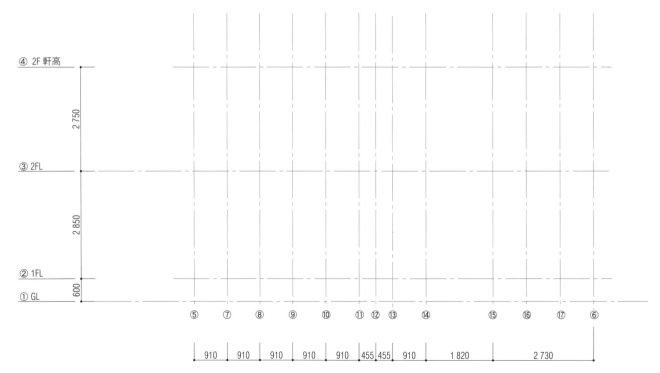

2）屋根・壁，バルコニー，ポーチなどの下書き

(1) 屋根の厚さを下書きする．
(2) 壁厚を壁心から振り分けて下書きする．
(3) バルコニーを下書きする（p.37 かなばかり図参照）．
(4) ポーチ，ウッドデッキ階段を下書きする．

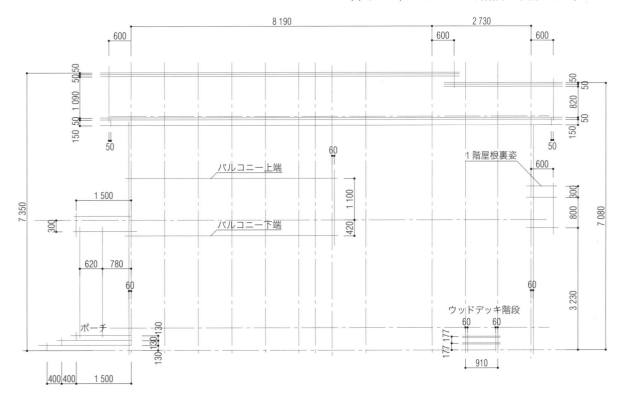

3）開口部，シャッター・勝手口庇の下書き

(1) 開口部の基準となる線を下書きする．
　※ 縦の基準線は柱心より 60mm 振り分け，横の基準線
　　は床基準線より割り付ける．
(2) 雨戸シャッターを下書きする．

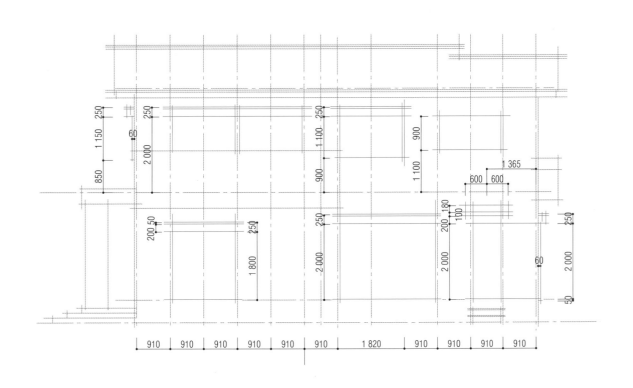

4) 屋根・ポーチの仕上げ

(1) 棟・軒・けらばを仕上げ，立はぜを割り付ける（太い
実線）．
　（軒の長さの最長部分の中心を求め，それを基準に割
付ける．本例では400mm間隔とする．端部が狭くなる

場合は，中心を基準に200mmずつ割振り，そこから
400mmで割付ける）
(2) ポーチ・ウッドデッキ階段を仕上げる（太い実線）．

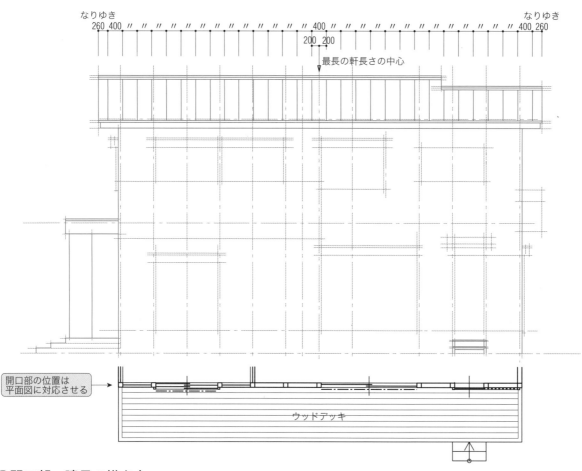

◎開口部・建具の描き方

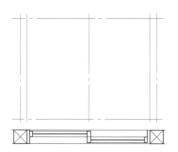

(1) 柱心から柱幅を振り分け，
　　開口部の中心を下書きする．

(2) 建具枠を下書きする．

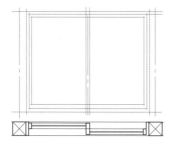

(3) 建具を下書きする．

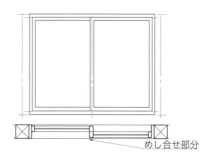

(4) 建具を完成させる（太い実線）．
　　※右側の建具はすべて見えるが，
　　　左側の建具は，めし合せの部分
　　　が隠れるので，注意して描く．

5) 開口部，ウッドデッキなどの記入

(1) [開口部・建具の描き方]（p.34）を参考に開口部を仕上げる（太い実線）．
(2) バルコニー上げる（外形：太い実線，目地：細い実線）．
(3) かなばかり図，断面詳細図を参考にぬれ縁・ウッドデッキを記入する（太い実線）．
(4) 地盤線（GL）を仕上げる（極太の実線）．
(5) 図面名・縮尺などを記入し完成させる．

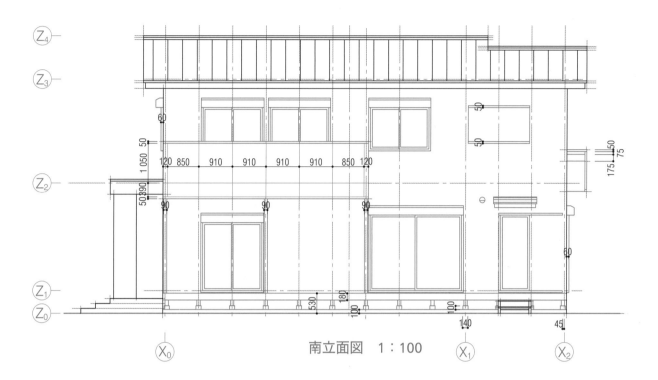

南立面図　1：100

〈西立面図〉

〈完成図〉

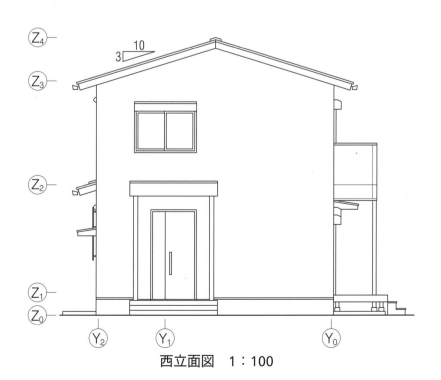

西立面図　1：100

〈北立面図〉

〈完成図〉

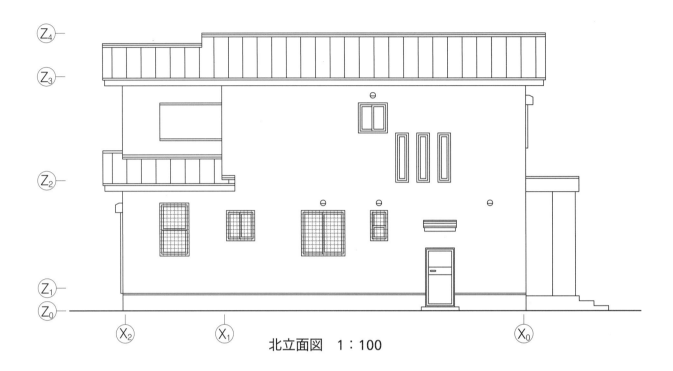

北立面図　1：100

〈東立面図〉

〈完成図〉

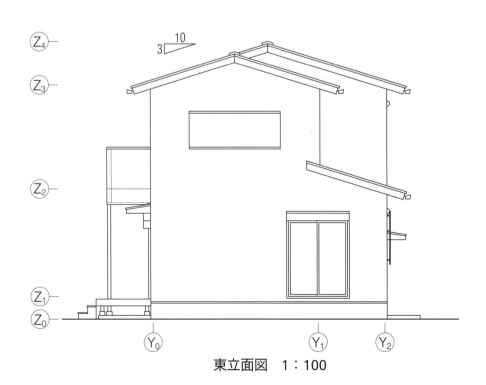

東立面図　1：100

かなばかり図の描き方

〈完成図〉

この図は，平面図のかなばかり切断位置で垂直に切断して見たもので，描く前にp.12の立体図で形状を十分に把握し，完成図と見比べながら，順序にしたがって描き始めよう．なお，描く順序は，概ね施工する順序と考えるとよい．

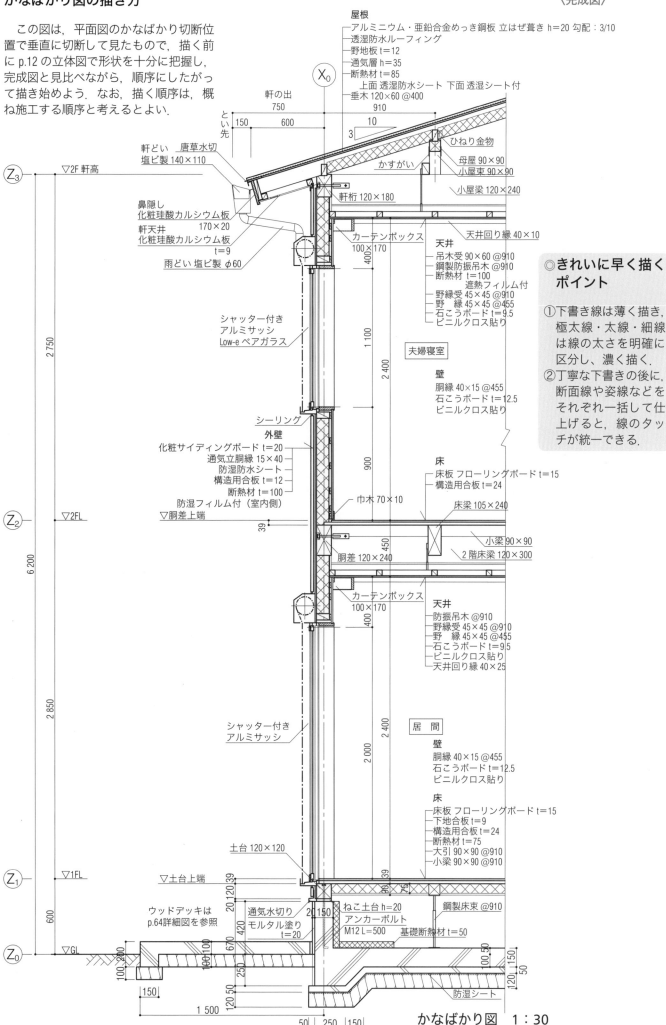

◎きれいに早く描くポイント

① 下書き線は薄く描き，極太線・太線・細線は線の太さを明確に区分し，濃く描く．

② 丁寧な下書きの後に，断面線や姿線などをそれぞれ一括して仕上げると，線のタッチが統一できる．

屋根
アルミニウム・亜鉛合金めっき鋼板 立はぜ葺き h=20 勾配：3/10
透湿防水ルーフィング
野地板 t=12
通気層 h=35
断熱材 t=85
上面 透湿防水シート 下面 透湿シート付
垂木 120×60 @400

ひねり金物
かすがい
母屋 90×90
小屋束 90×90
小屋梁 120×240
軒桁 120×180
天井回り縁 40×10

軒どい 唐草水切
塩ビ製 140×110

鼻隠し
化粧珪酸カルシウム板 170×20
軒天井
化粧珪酸カルシウム板 t=9
雨どい 塩ビ製 φ60

カーテンボックス 100×170

天井
吊木受 90×60 @910
鋼製防振吊木 @910
断熱材 t=100 遮熱フィルム付
野縁受 45×45 @910
野縁 45×45 @455
石こうボード t=9.5
ビニルクロス貼り

シャッター付き
アルミサッシ
Low-e ペアガラス

夫婦寝室

壁
胴縁 40×15 @455
石こうボード t=12.5
ビニルクロス貼り

シーリング

外壁
化粧サイディングボード t=20
通気立胴縁 15×40
防湿防水シート
構造用合板 t=12
断熱材 t=100
防湿フィルム付（室内側）

床
床板 フローリングボード t=15
構造用合板 t=24

巾木 70×10

床梁 105×240
小梁 90×90
2階床梁 120×300
胴差 120×240

カーテンボックス 100×170

天井
防振吊木 @910
野縁受 45×45 @910
野縁 45×45 @455
石こうボード t=9.5
ビニルクロス貼り
天井回り縁 40×25

居間

壁
胴縁 40×15 @455
石こうボード t=12.5
ビニルクロス貼り

床
床板 フローリングボード t=15
下地合板 t=9
構造用合板 t=24
断熱材 t=75
大引 90×90 @910
小梁 90×90 @910

シャッター付き
アルミサッシ

土台 120×120

ウッドデッキは
p.64詳細図を参照

通気水切り
モルタル塗り t=20

ねこ土台 h=20
アンカーボルト M12 L=500
鋼製床束 @910
基礎断熱材 t=50

防湿シート

▽2F 軒高
▽2FL
▽胴差上端
▽1FL
▽土台上端
▽GL

軒の出 750
150 600
とい先
910
10
3

2750
6200
1100
2400
900
2000
450
39
2850
2400
600

かなばかり図　1：30

2・7 かなばかり図

図中の文字：

軒の出
750
910
10
3
150
600
とい先
⑬
⑭鼻隠し先端
⑫屋根勾配
⑥軒高
⑮母屋中心
⑧2階天井高
400
⑪内法高
2 750
1 100
2 400
⑩腰高
900
⑤ 2FL
⑯床梁中心
6 200
⑦1階天井高
400
⑨内法高
③破断線
2 850
2 400
2 000
④ 1FL
②柱心
⑰床束中心
600
① GL

1) 中心線・基準線の下書き

かなばかり図を1：30の縮尺
で描く.

(1) 地盤線（GL）①を引く（下
書き線）GLの位置は，屋根
の部分も描けることを確
認して決める）.

(2) 柱心②を引く（細い一点鎖
線）.

(3) 柱心より1.5m程度，室内
側に破断線③を引く.

(4) GLを基準にして，高さの
基準④〜⑧を引く（細い一
点鎖線）.

　1階床高④，2階床高⑤，
軒高⑥，1階天井高⑦，2
階天井高⑧

(5) 1階床高を基準にして，内
法高⑨，2階床高を基準に
して窓の腰高⑩，内法高
⑪を引く.

(6) 柱心と軒高との交点Aを
通る3/10の屋根勾配の基
準線⑫を引く.

　勾配は3：10の直角三角形
を描いて求める.

(7) とい先⑬と鼻隠し先端部
⑭を引く.

(8) 母屋・2階床梁・床束の中
心⑮⑯⑰を引く.

2) 基礎,1·2階床組の下書き

(1) 通し柱の幅①②を柱心から振り分ける（図A，B）．

(2) 1階床高より下に床仕上げ材と構造用合板の厚さ③④をとり，土台⑤，ねこ土台⑥，大引⑦を描く（図B）．

(3) ねこ土台の下に基礎立上り部の幅⑧⑨を柱心から振り分ける（図B）．

(4) 基礎スラブの上端⑩と下端⑪および端部の形状⑫⑬を描く（図B）．

(5) 捨てコンクリート・割石地業の形状⑭〜⑱（図B）．

(6) 2階床高より下に床仕上げ材と構造用合板の厚さ⑲⑳を描く（図A）．

(7) 構造用合板の下端から胴差㉑，2階梁㉒，床梁㉓，小梁㉔を描く（図A）．

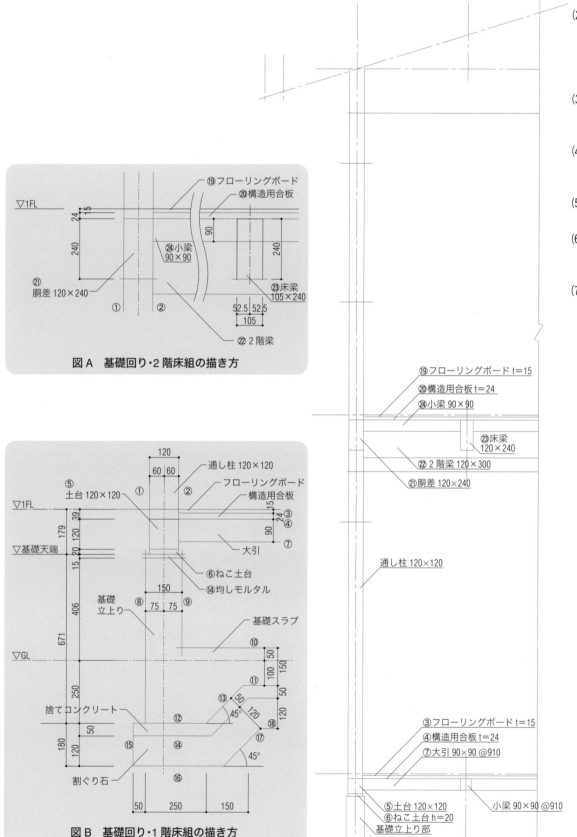

図A 基礎回り・2階床組の描き方

⑲フローリングボード
⑳構造用合板
24
15
240
90
㉔小梁 90×90
240
㉑胴差 120×240
①　②
52.5 52.5
105
㉓床梁 105×240
㉒2階梁

図B 基礎回り・1階床組の描き方

120
60 60
通し柱 120×120
⑤土台 120×120
①　②
フローリングボード
構造用合板
▽1FL
179　39
15
120
15 20 24
90
③
④
⑦
大引
▽基礎天端
⑥ねこ土台
⑭均しモルタル
150
75 75
基礎立上り
⑧　⑨
基礎スラブ
406
⑩
⑪
100　50
50　150
⑬
50
45°
120
⑱
⑰
120
671
▽GL
250
捨てコンクリート
⑫
50
180
120
⑮
⑭
割ぐり石
⑯
45°
50　250　150

⑲フローリングボード t=15
⑳構造用合板 t=24
㉔小梁 90×90
㉓床梁 120×240
㉒2階梁 120×300
㉑胴差 120×240

通し柱 120×120

通し柱 120×120

③フローリングボード t=15
④構造用合板 t=24
⑦大引 90×90 @910

⑤土台 120×120
⑥ねこ土台 h=20
基礎立上り部
小梁 90×90 @910

捨てコンクリート　割ぐり石
基礎スラブ

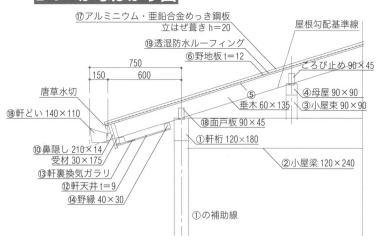

⑰アルミニウム・亜鉛合金めっき鋼板
立はぜ葺き h＝20
⑲透湿防水ルーフィング
⑥野地板 t＝12
屋根勾配基準線
ころび止め 90×45
750
150
600
④母屋 90×90
⑤
垂木 60×135
③小屋束 90×90
唐草水切
⑱面戸板 90×45
⑱軒どい 140×110
①軒桁 120×180
⑩鼻隠し 210×14
受材 30×175
②小屋梁 120×240
⑬軒裏換気ガラリ
⑫軒天井 t＝9
⑭野縁 40×30
①の補助線

3）屋根・小屋組の下書き（図D参照）

本例では屋根通気下地を採用している（図D）．

(1) 軒桁の断面①，小屋梁のせい②を描く（図C-**1**）．

(2) 小屋束③，母屋④を描く．

(3) 屋根勾配基準線に平行に垂木上端⑤，野地板の厚さ⑥を引く．

(4) 鼻隠し先端部⑦と垂木上端との交点 A をとり，屋根勾配に対して直角に鼻隠しの外形線⑧を引く（図C-**1**）．

(5) 線⑧から平行に 25mm とり，広小舞⑨を描く（図C-**1**）．

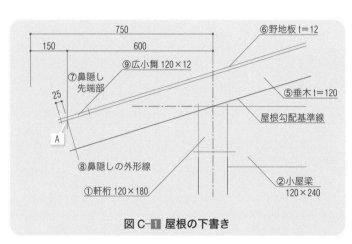

750
150
600
⑥野地板 t＝12
⑨広小舞 120×12
⑦鼻隠し先端部
25
⑤垂木 t＝120
屋根勾配基準線
A
⑧鼻隠しの外形線
①軒桁 120×180
②小屋梁 120×240

図C-**1**　屋根の下書き

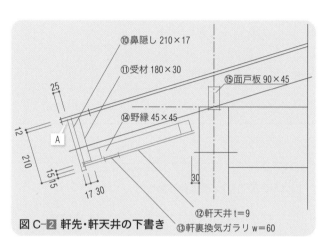

⑩鼻隠し 210×17
⑪受材 180×30
⑮面戸板 90×45
25
⑭野縁 45×45
12
A
210
30
15
17 30
⑫軒天井 t＝9
⑬軒裏換気ガラリ w＝60

図C-**2**　軒先・軒天井の下書き

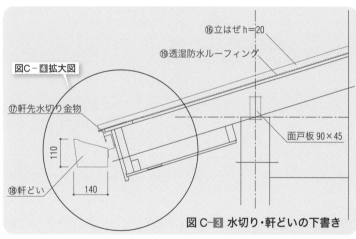

⑯立はぜ h＝20
⑲透湿防水ルーフィング
図C-**4**拡大図
⑰軒先水切り金物
面戸板 90×45
110
⑱軒どい
140

図C-**3**　水切り・軒どいの下書き

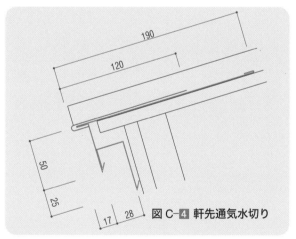

190
120
50
25
17 28

図C-**4**　軒先通気水切り

図C　屋根・軒先の描き方

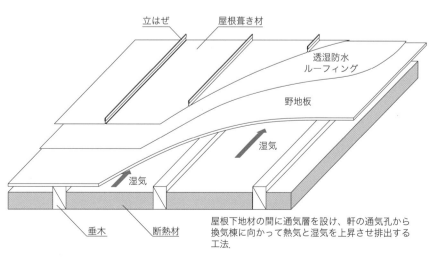

立はぜ
屋根葺き材
透湿防水ルーフィング
野地板
湿気
湿気
垂木
断熱材
屋根下地材の間に通気層を設け，軒の通気孔から換気棟に向かって熱気と湿気を上昇させ排出する工法．

図D　屋根通気下地構成

(6) 線⑧から平行に 17mm とり鼻隠し⑩，さらに 30mm をとって受材⑪を描く（図C-**2**）．

(7) 軒天井の散りと厚さ⑫，通気口⑬，野縁⑭，面戸板⑮を描く（図C-**2**）．

(8) 立はぜの上端⑯を描く（図C-**3**）．

(9) 軒先の水切り金物⑰（図C-**4**），軒どい⑱を描く（図C-**3**）．

(10) 透湿防水ルーフィング⑲の破線を引く．

4) 外壁・外部開口部の下書き（図G参照）

本例では、外壁通気下地を採用している（図H参照）.
(1) 管柱の幅①を通し柱の外側からとる（図E-**1**）.
(2) 窓まぐさ②を描く.

(3) 柱の外側に構造用合板③，通気立胴縁④，化粧サイディングボード⑤の厚さをとる.
(4) 1階のサッシ枠の幅⑥⑦，下枠⑧，上枠⑨を描く（図E-**2**）.

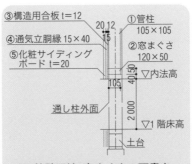

1 外壁下地・窓まぐさの下書き

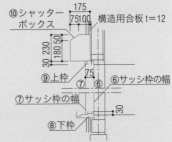

2 1階サッシ外枠の下書き
（図F参照）

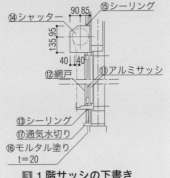

3 1階サッシの下書き
（図G, H, I 参照）

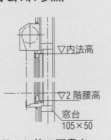

4 2階サッシ枠の下書き

図E 外部開口部回りの描き方

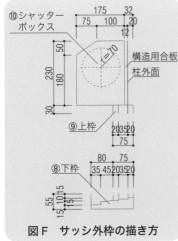

図F サッシ外枠の描き方

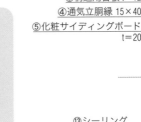

図G サッシ枠の描き方

間柱
断熱材
防湿フィルム
石こうボード等
屋外側
室内側
④通気立胴縁
通気層
防湿防水シート
⑤化粧サイディングボード
構造用合板

外壁材と下地材との間に通気層を設け，外壁内の熱気と湿気を頂部から排出する機能を有する壁下地の構法.

図H 通気外壁下地構法の例

図I シーリング・金物等の参考図

⑬シーリング

⑭通気見切り縁

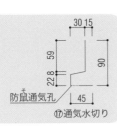

⑰通気水切り

（右側断面図の注記）
⑭通気見切縁
⑬シーリング
⑩シャッターボックス
②窓まぐさ
⑭シャッター
⑪アルミサッシ
窓台 105×50
③構造用合板 t=12
④通気立胴縁 15×40
⑤化粧サイディングボード t=20
①管柱 105×105
⑬シーリング
⑩シャッターボックス
②窓まぐさ
⑭シャッター
⑪アルミサッシ
⑰通気水切り

(5) シャッターボックスの外形⑩を描く（図E, 図F）.
(6) サッシ⑪，網戸⑫の断面を描く（図E-**3**，図G）.
(7) 軒下の通気見切り⑭，シーリング⑬を描く（図H）.
(8) シャッターボックスの内部⑭を描く（図E-**3**）.
(9) 2階のサッシ回りも(4)～(6)と同様に描く（図E-**4**）.
(10) 基礎立上り部のモルタルの厚さ⑯と基礎の通気水切り⑰を描く（図E-**3**）.

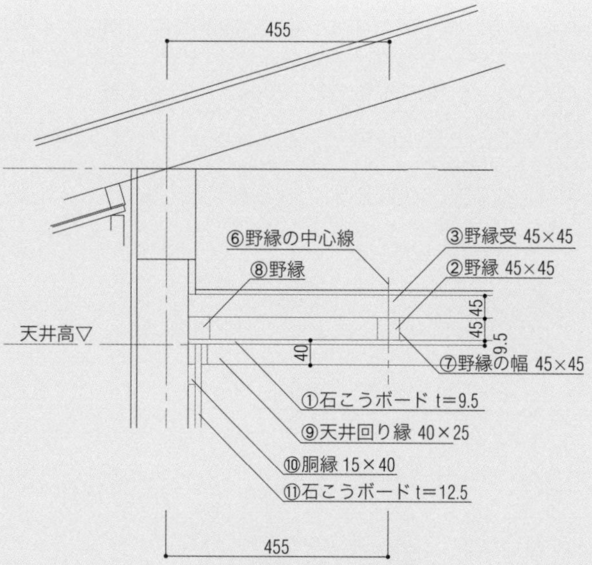

5）天井，内壁の下書き

図J 室内天井・壁の描き方

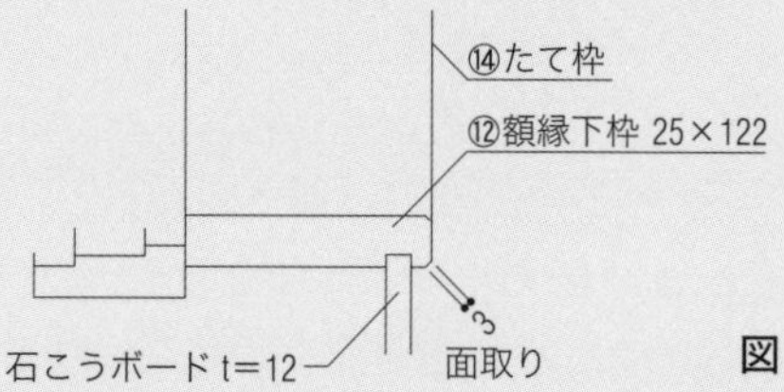

■ 2階天井・壁の下書き

- ⑥野縁の中心線
- ⑧野縁
- ③野縁受 45×45
- ②野縁 45×45
- ⑦野縁の幅 45×45
- 天井高▽
- ①石こうボード t=9.5
- ⑨天井回り縁 40×25
- ⑩胴縁 15×40
- ⑪石こうボード t=12.5
- 455
- 45.45
- 40
- 9.5

■ 1階天井・壁の下書き

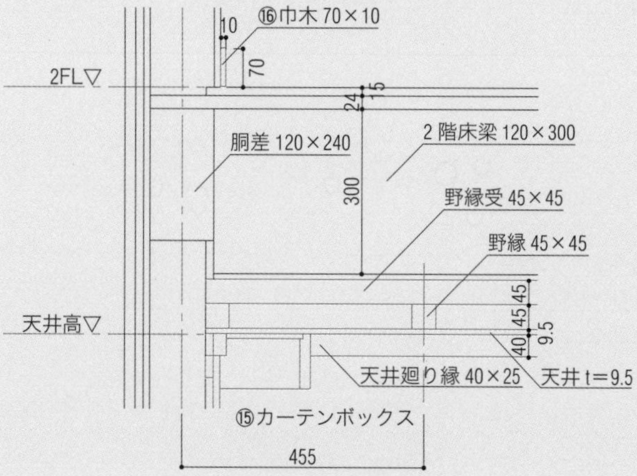

- ⑯巾木 70×10
- 2FL▽
- 10
- 70
- 24
- 15
- 胴差 120×240
- 2階床梁 120×300
- 300
- 野縁受 45×45
- 野縁 45×45
- 天井高▽
- 45.45
- 40
- 9.5
- 天井廻り縁 40×25
- 天井 t=9.5
- ⑮カーテンボックス
- 455

図K 額縁の描き方

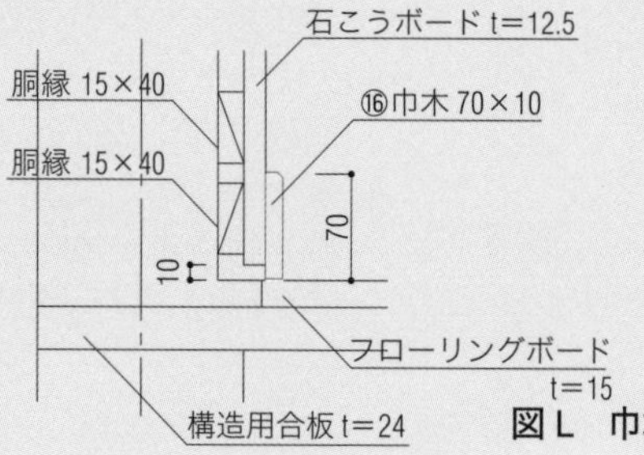

- ⑭たて枠
- ⑫額縁下枠 25×122
- 石こうボード t=12
- 面取り

図L 巾木の描き方

- 石こうボード t=12.5
- 胴縁 15×40
- ⑯巾木 70×10
- 胴縁 15×40
- 10
- 70
- フローリングボード t=15
- 構造用合板 t=24

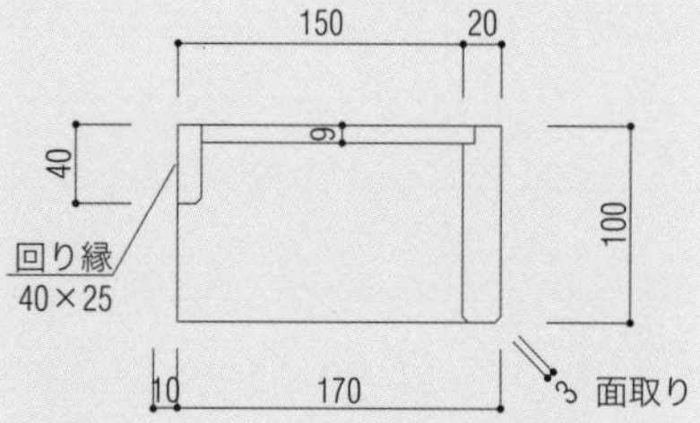

図M カーテンボックスの描き方

- 150
- 20
- 40
- 9
- 回り縁 40×25
- 100
- 10
- 170
- 面取り

- ④吊木受 90×60
- ⑤鋼製吊木 @910
- ③野縁受 45×4@910
- 455
- ⑥
- 455
- 455
- ⑥
- ①天井板
- ②野縁 45×45 @455
- ⑨天井回り縁
- ⑬額縁上枠
- ④たて枠
- ⑫額縁下枠
- ⑯巾木 70×10
- ⑮カーテンボックス 100×170
- ⑤鋼製吊木 @910
- ③野縁受 45×45 @910
- 455
- ⑥
- 455
- 455
- ⑥
- 天井板
- 野縁 45×45 @455
- 天井回り縁
- モルタル塗り t=20
- 100 200
- 100 100

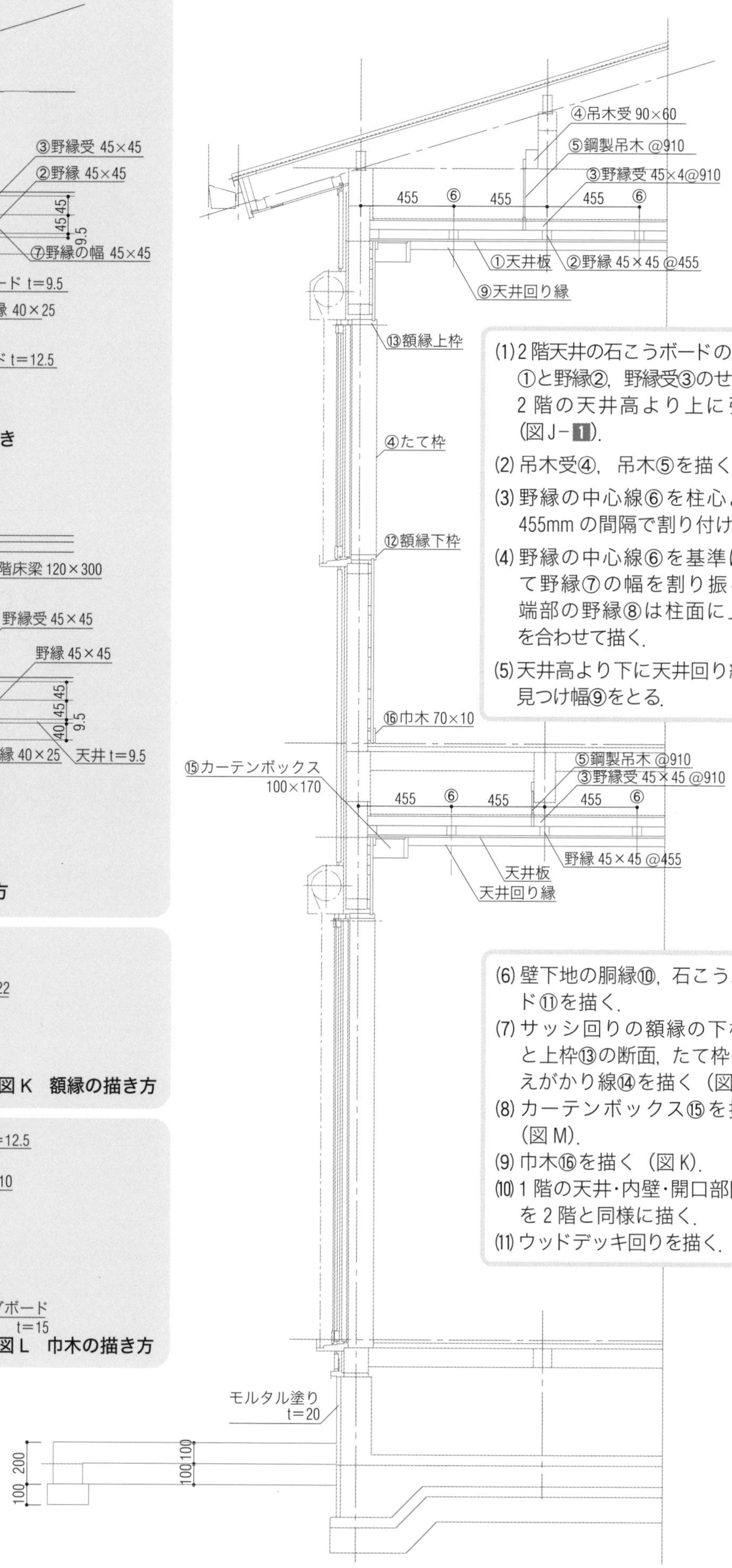

(1) 2階天井の石こうボードの厚さ①と野縁②，野縁受③のせいを2階の天井高より上に引く（図J-■）．

(2) 吊木受④，吊木⑤を描く．

(3) 野縁の中心線⑥を柱心より455mmの間隔で割り付ける．

(4) 野縁の中心線⑥を基準にして野縁⑦の幅を割り振る．端部の野縁⑧は柱面に上端を合わせて描く．

(5) 天井高より下に天井回り縁の見つけ幅⑨をとる．

(6) 壁下地の胴縁⑩，石こうボード⑪を描く．

(7) サッシ回りの額縁の下枠⑫と上枠⑬の断面，たて枠の見えがかり線⑭を描く（図K）．

(8) カーテンボックス⑮を描く（図M）．

(9) 巾木⑯を描く（図K）．

(10) 1階の天井・内壁・開口部回りを2階と同様に描く．

(11) ウッドデッキ回りを描く．

6) 各部材の断面形の仕上げ

(1) 構造部材・補助構造部材・仕上材などの切断面の外形を極太の実線で描く（図N参照）.

(2) 地盤線（GL），仕上材，サッシなどの切断部分の形状を極太の実線で描く.

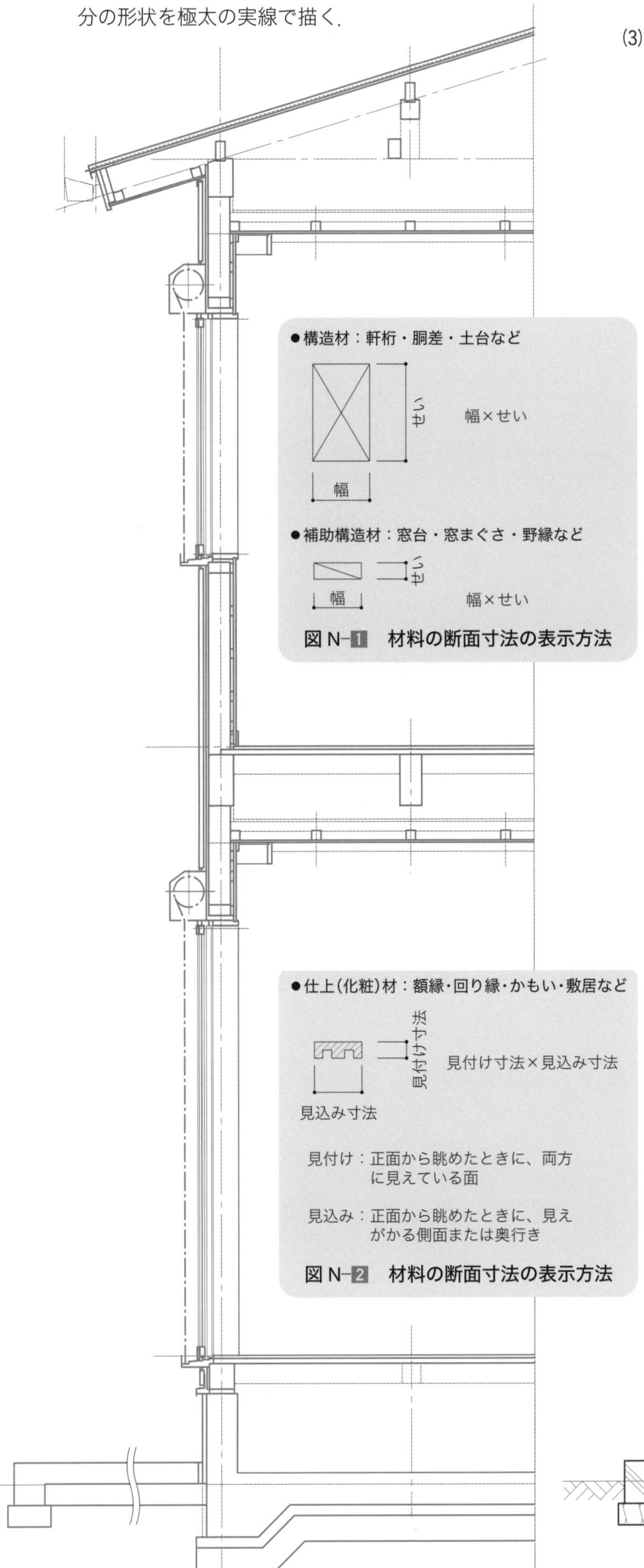

7) 見付け部分・材料構造表示記号などの記入

(1) 小屋梁，2階床梁，野縁などの見付け部分の姿・形状を太い実線で描く.

(2) 材料の断面表示記号を細い実線で描く（記号は第1章の材料表示記号を参照）.

(3) アンカーボルト，羽子板ボルトなどの補強金物を太い実線で描く（図O，P）.

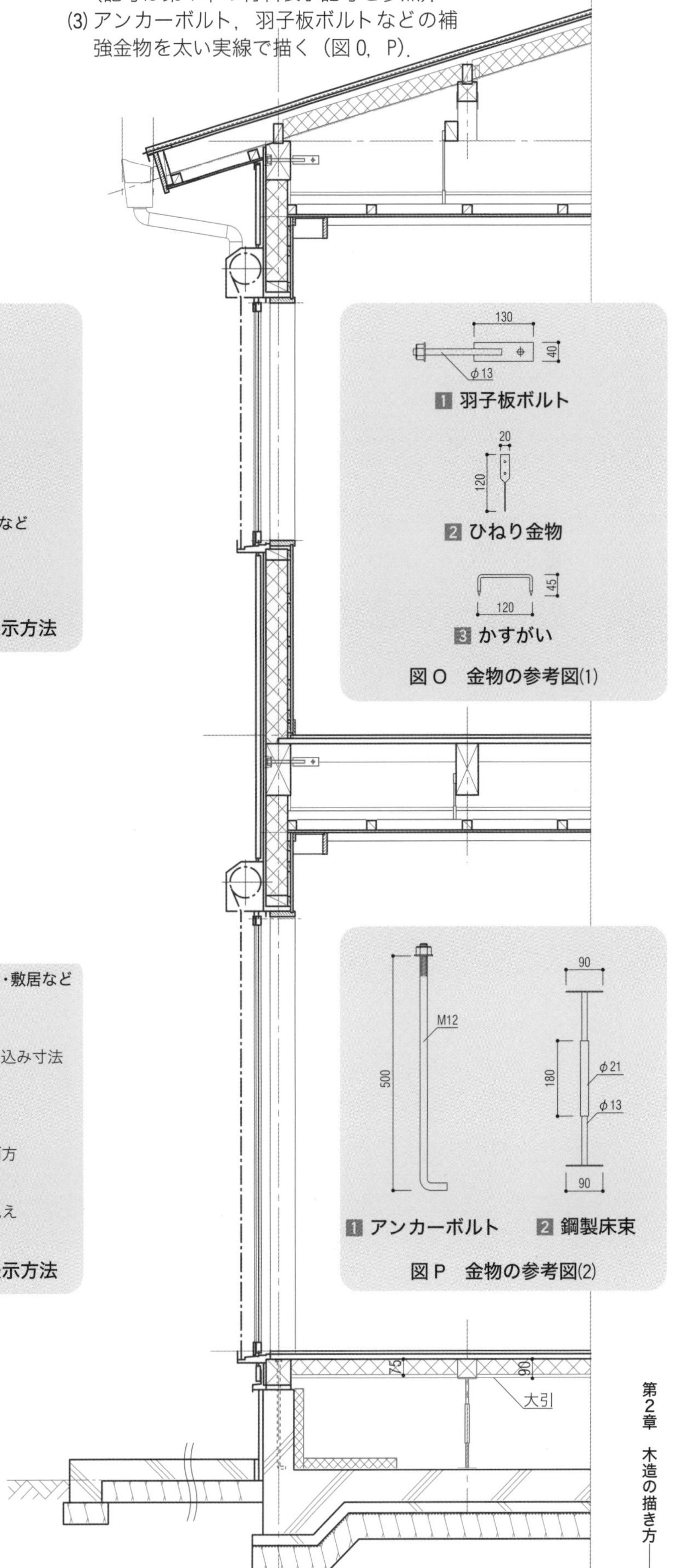

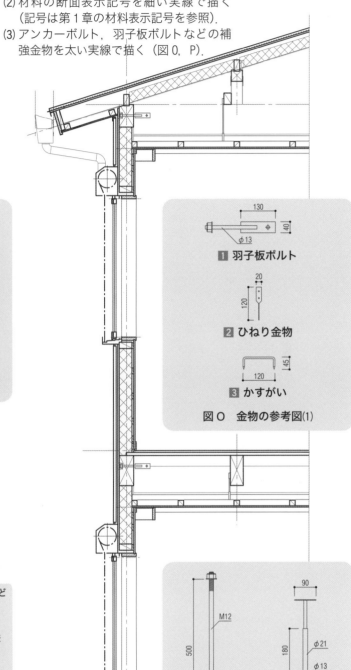

● 構造材：軒桁・胴差・土台など

幅×せい

せい／幅

● 補助構造材：窓台・窓まぐさ・野縁など

幅×せい

図N-1　材料の断面寸法の表示方法

● 仕上（化粧）材：額縁・回り縁・かもい・敷居など

見付け寸法×見込み寸法

見付け：正面から眺めたときに、両方に見えている面

見込み：正面から眺めたときに、見えがかる側面または奥行き

図N-2　材料の断面寸法の表示方法

130
40
φ13

1 羽子板ボルト

20
120

2 ひねり金物

45
120

3 かすがい

図O　金物の参考図(1)

500
M12

90
180
φ21
φ13
90

1 アンカーボルト　2 鋼製床束

図P　金物の参考図(2)

大引

75
90

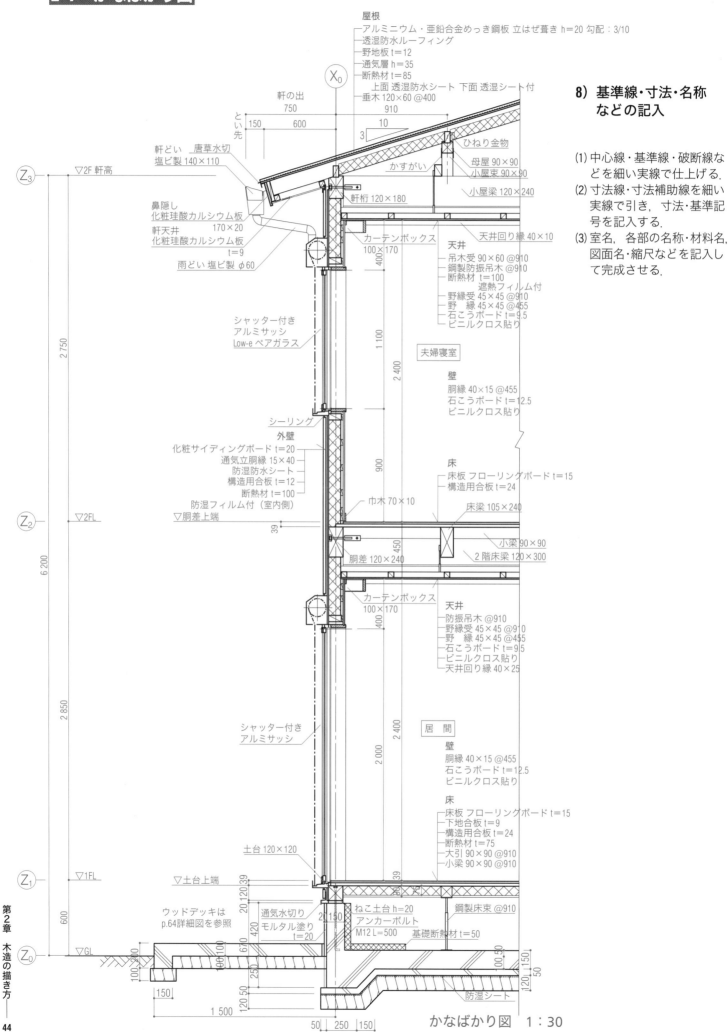

屋根
アルミニウム・亜鉛合金めっき鋼板 立はぜ葺き h=20 勾配:3/10
透湿防水ルーフィング
野地板 t=12
通気層 h=35
断熱材 t=85
上面 透湿防水シート 下面 透湿シート付
垂木 120×60 @400

8) 基準線・寸法・名称などの記入

(1) 中心線・基準線・破断線などを細い実線で仕上げる.
(2) 寸法線・寸法補助線を細い実線で引き,寸法・基準記号を記入する.
(3) 室名,各部の名称・材料名,図面名・縮尺などを記入して完成させる.

軒の出 750
とい先
150 600
910
10
3

ひねり金物
かすがい
母屋 90×90
小屋束 90×90
小屋梁 120×240

軒どい 唐草水切
塩ビ製 140×110

鼻隠し
化粧珪酸カルシウム板 170×20
軒天井
化粧珪酸カルシウム板 t=9
雨どい 塩ビ製 φ60

軒桁 120×180
天井回り縁 40×10

カーテンボックス 100×170 400

天井
吊木受 90×60 @910
鋼製防振吊木 @910
断熱材 t=100 遮熱フィルム付
野縁受 45×45 @910
野 縁 45×45 @455
石こうボード t=9.5
ビニルクロス貼り

夫婦寝室

壁
胴縁 40×15 @455
石こうボード t=12.5
ビニルクロス貼り

シャッター付き
アルミサッシ
Low-e ペアガラス

1 100
2 400
900

シーリング
外壁
化粧サイディングボード t=20
通気立胴縁 15×40
防湿防水シート
構造用合板 t=12
断熱材 t=100
防湿フィルム付(室内側)

床
床板 フローリングボード t=15
構造用合板 t=24

巾木 70×10

床梁 105×240

△胴差上端
39

小梁 90×90
2 階床梁 120×300
胴差 120×240

カーテンボックス 100×170 400

天井
防振吊木 @910
野縁受 45×45 @910
野 縁 45×45 @455
石こうボード t=9.5
ビニルクロス貼り
天井回り縁 40×25

シャッター付き
アルミサッシ

2 400
2 000

居間

壁
胴縁 40×15 @455
石こうボード t=12.5
ビニルクロス貼り

床
床板 フローリングボード t=15
下地合板 t=9
構造用合板 t=24
断熱材 t=75
大引 90×90 @910
小梁 90×90 @910

土台 120×120

△土台上端
20 120 39

ウッドデッキは
p.64詳細図を参照

通気水切り
モルタル塗り t=20
20 150

ねこ土台 h=20
アンカーボルト M12 L=500
鋼製床束 @910
基礎断熱材 t=50

△1FL
600

△GL

防湿シート

100 200
100 100
420
250
670
120 50
150

50 250 150
1 500

2 750
6 200
2 850

△2F 軒高
△2FL
39

△1FL
600

Z₃
Z₂
Z₁
Z₀

X₀

かなばかり図 1:30

1 基礎伏図

〈アイソメ図〉

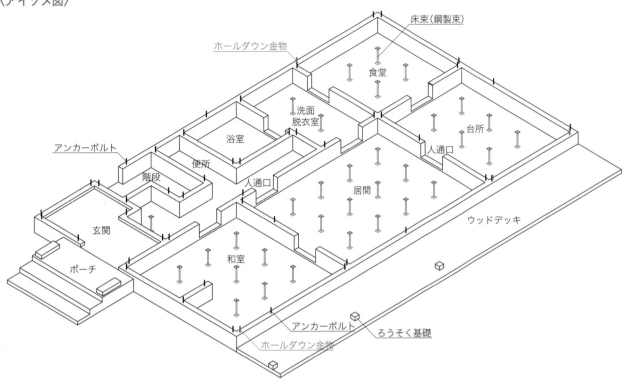

〈完成図〉

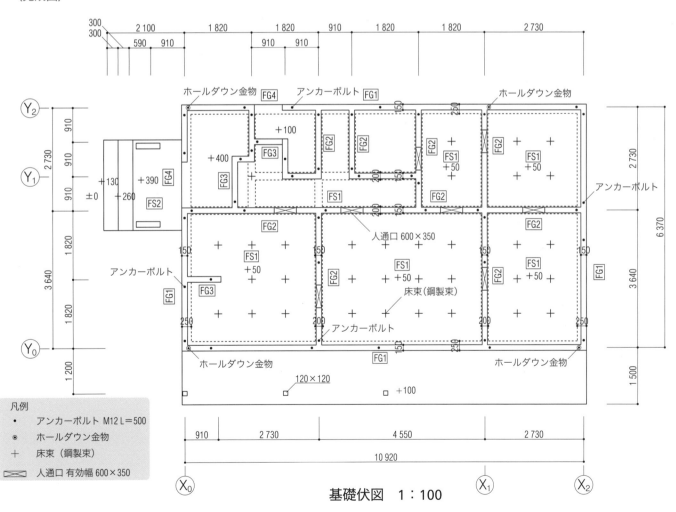

凡例

- ・　アンカーボルト M12 L＝500
- ⊙　ホールダウン金物
- ＋　床束（鋼製束）
- ⊠　人通口 有効幅 600×350

基礎伏図　1：100

2·8 各種伏図

1) 中心線の下書き

(1) 外壁心①～④を下書きする.
(2) 大きな壁の通り心⑤～⑨を下書きする.
(3) その他の壁心を下書きする.
(4) 玄関回りの基礎幅の下書き（p.18 参照）.

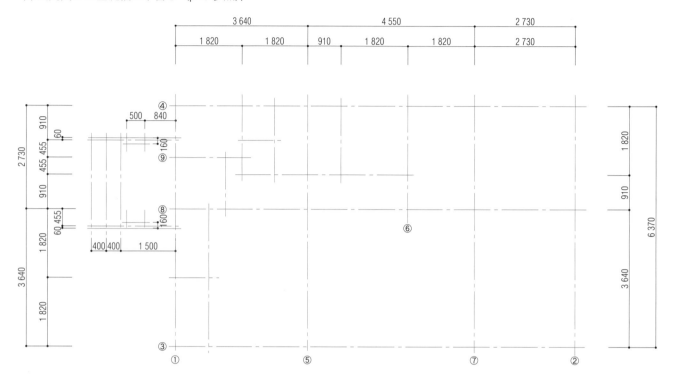

2) 基礎（基礎の立ち上がり部分）・人通口の下書き

(1) 基礎幅（150mm）を，壁中心線から均等に振り分けて，
　外壁・間仕切壁の位置に下書きする.
(2) 人通口の位置を下書きする（幅600mm）.
(3) ウッドデッキおよび玄関回りの基礎幅の下書きする.
(4) バルコニー支柱用のろうそく基礎の位置を示す.

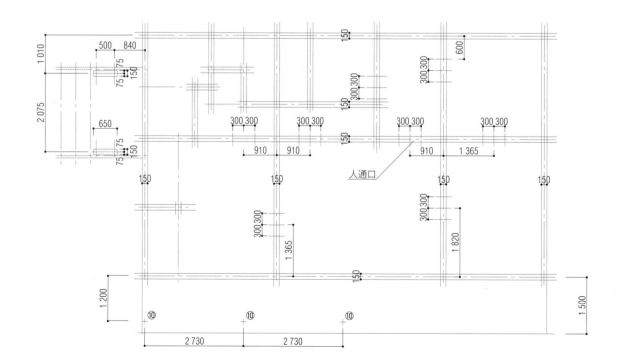

3) フーチング・床束の下書き

(1) フーチングの幅を下書きする.
　　※ 基礎リスト表参照
　　　（外壁に面した基礎は 250mm, 間仕切壁部分は 200mm とする）
(2) 床束（鋼製束）の位置を 910mm 間隔で下書きする.
(3) ろうそく基礎を下書きする.

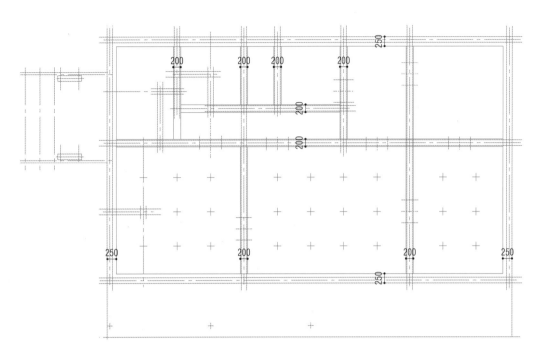

4) 基礎の仕上げ

(1) 基礎の立ち上がり部分を仕上げる（太い実線）.
(2) フーチングを仕上げる（太い破線）.
(3) 人通口を仕上げる（太い実線）.
　　（対角線は細い実線）
(4) 床束の位置を仕上げる（太い実線）.
(5) 玄関ポーチおよびウッドデッキ部分の土間コンクリートを仕上げる（細い実線）.
(6) アンカーボルトとホールダウン金物を要所に記入する（図 A 参照）.

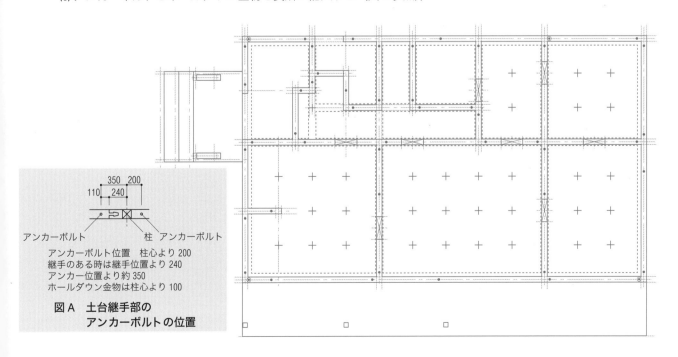

アンカーボルト　　柱　アンカーボルト

アンカーボルト位置　柱心より 200
継手のある時は継手位置より 240
アンカー位置より約 350
ホールダウン金物は柱心より 100

**図 A　土台継手部の
　　　　アンカーボルトの位置**

5) 表示記号・寸法・名称の記入

(1) 基礎リストをもとに基礎，基礎スラブの記号を記入する.
(2) GL を基準に基礎スラブのレベルを記入する.
(3) 寸法線・寸法補助線（細い実線）を引き，寸法・基準記号を記入する.
(4) 各部の名称，図面名，縮尺などを記入して完成させる.

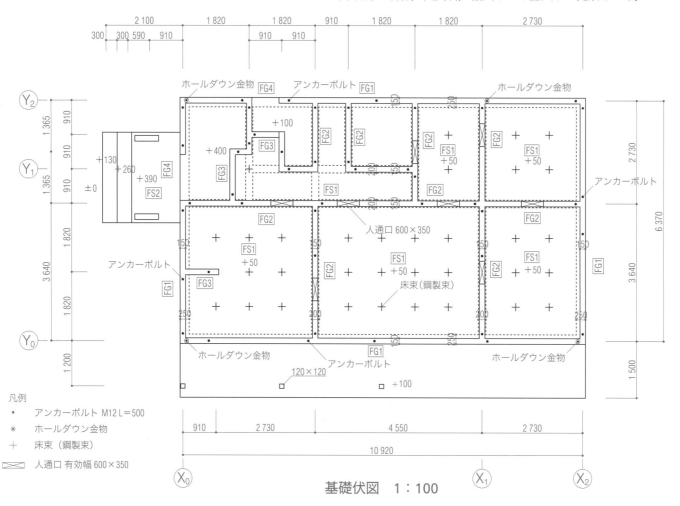

凡例

- • アンカーボルト M12 L=500
- ⊚ ホールダウン金物
- + 床束（鋼製束）
- ⊠ 人通口 有効幅 600×350

基礎伏図　1：100

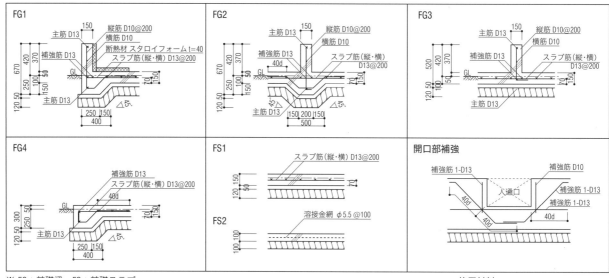

※ FG：基礎梁　FS：基礎スラブ

基礎リスト　1：50

使用材料

コンクリート　呼び強度　21N/mm²
　　　　　　　スランプ値 18cm
鉄　　　　筋　SD295A

定着と継手
　定着長さ　　40d
　重ね長さ　　40d

※ d：鉄筋の公称直径

2 1階床伏図

〈アイソメ図〉

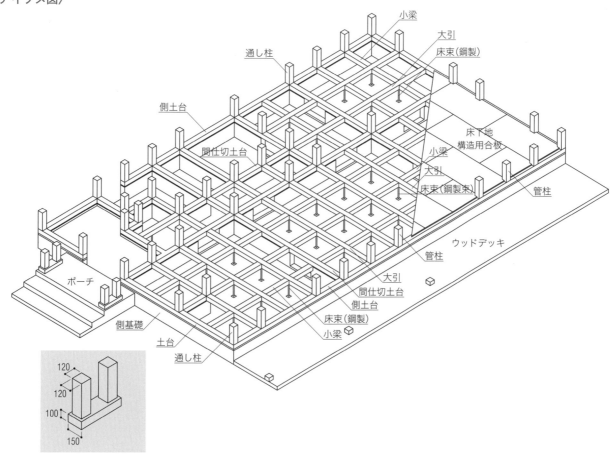

〈完成図〉

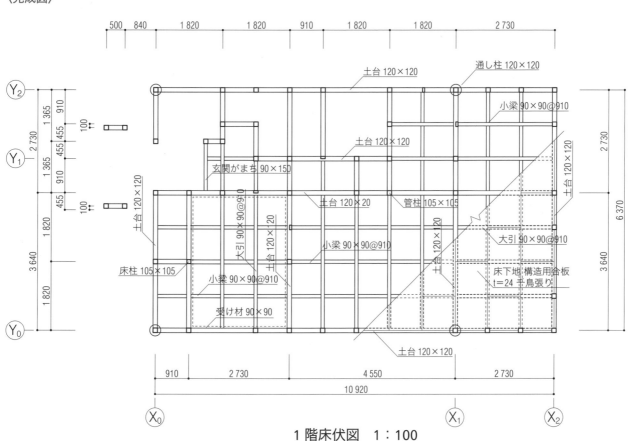

1階床伏図 1：100

2・8 各種伏図

1) 中心線の下書き

床伏図を 1：100 の縮尺で描く
(1) 外壁心①～④を下書きする.
(2) 主要な壁の通り心⑤～⑨を下書きする.
(3) その他の壁心（間仕切壁心）を下書きする.
(4) 玄関がまちの中心線⑩下書きする.

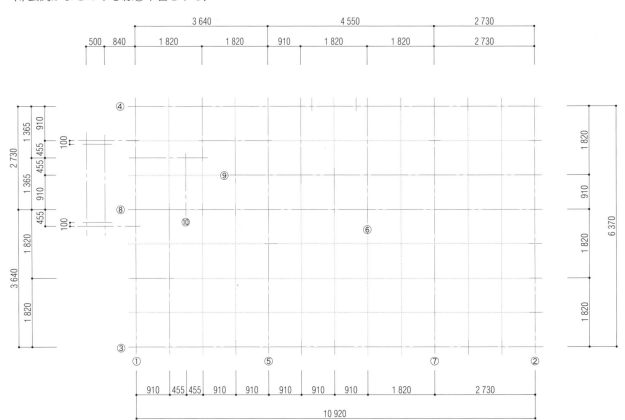

2) 土台，柱の記入

(1) 土台の幅（120mm）を壁中心線から均等に振り分けて記入する（太い実線）（床下地材に隠れた部分は破線）.
(2) 柱を記入する（極太の実線）.
(3) 通し柱に○印を記入する（太い実線）.
(4) 床下地材の省略線を引く（細い実線）.

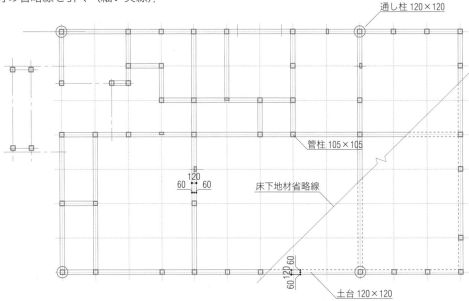

3）大引・小梁などの記入

(1) 土台を仕上げる（太い実線）．
(2) 大引を 910mm 間隔で記入する（太い実線）（床下地材に隠れた部分は破線）．
(3) 小梁を 910mm 間隔で記入する（太い実線）（床下地材に隠れた部分は破線）．
(4) 玄関がまちを記入する（太い実線）．
(5) 床下地合板の端部を支える受材を記入する（太い破線）．
(6) 床下地材を割り付ける（太い実線）．

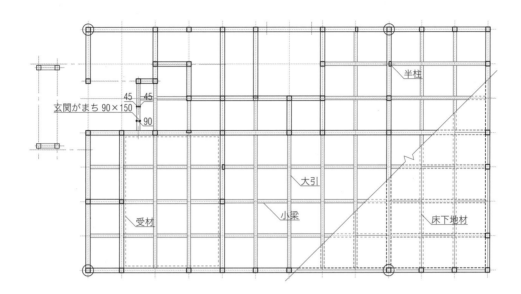

4）寸法・名称の記入

(1) 寸法線・寸法補助線（細い実線）を引き，寸法・基準記号を記入する．
(2) 各部の名称，図面名・縮尺などを記入して完成させる．

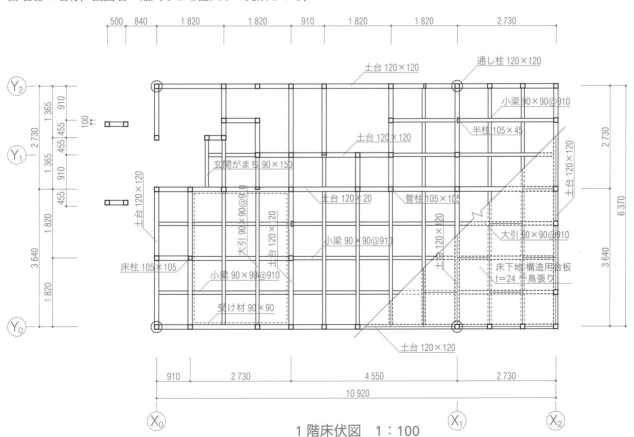

1 階床伏図　1：100

〈アイソメ図〉

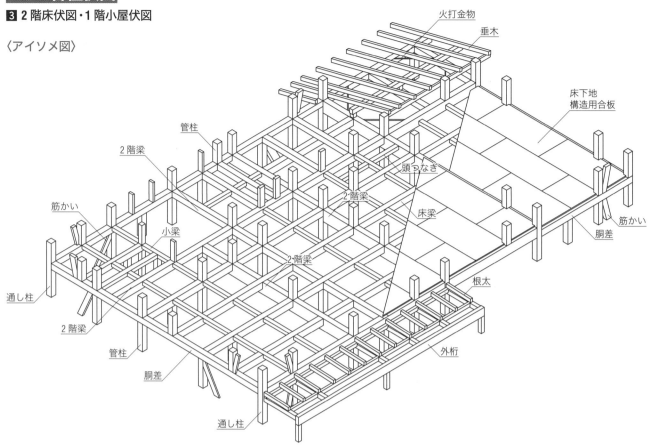

〈完成図〉

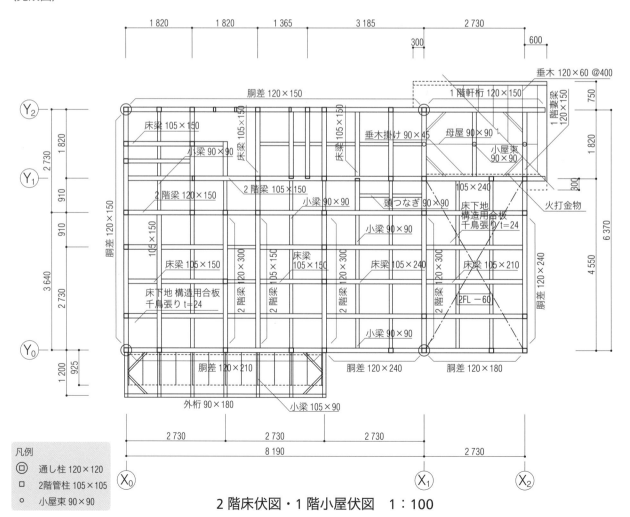

2階床伏図・1階小屋伏図　1：100

凡例
- ▣　通し柱 120×120
- ▫　2階管柱 105×105
- ○　小屋束 90×90

1）中心線の下書き

2階床伏図・1階小屋伏図を1：100の縮尺で描く
(1) 壁心・柱心を下書きする（細い一点鎖線）.
(2) バルコニー手すりの中心線を下書きする.

(3) 根太・根太受の中心線を下書きする.

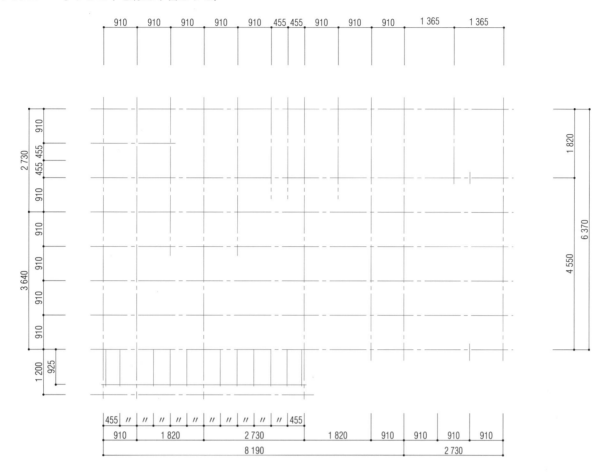

2）通し柱・管柱の記入

(1) 2階柱を記入する（極太の実線）.
(2) 通し柱に○印を記入する（太い実線）.

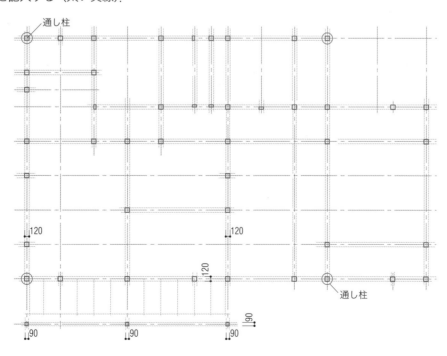

2・8 各種伏図

3）胴差・梁等の記入

(1) 胴差を外壁の位置に記入する（太い実線）.
(2) 2階梁を，910mm または 1 820mm 間隔で主要な箇所に記入する（太い実線）.
(3) 床梁を記入する（太い実線）.
(4) 小梁を記入する（太い実線）.
(5) バルコニーの根太受けを記入する（太い破線）.
(6) 根太・火打金物を記入する（太い実線）.

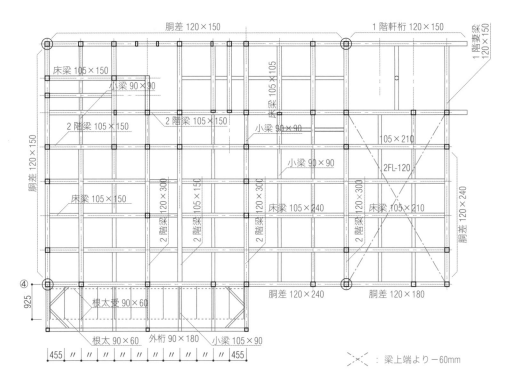

4）軒の出・母屋・垂木等の記入

(1) 軒の出（とい先）の 750mm，けらば 600mm を記入する（太い破線・実線）.
(2) 母屋（太い実線）と垂木掛け（太い破線）を記入する.
(3) 火打金物を記入する（太い実線）.
(4) 垂木を 400mm 間隔で割り付けて記入する（太い実線）.

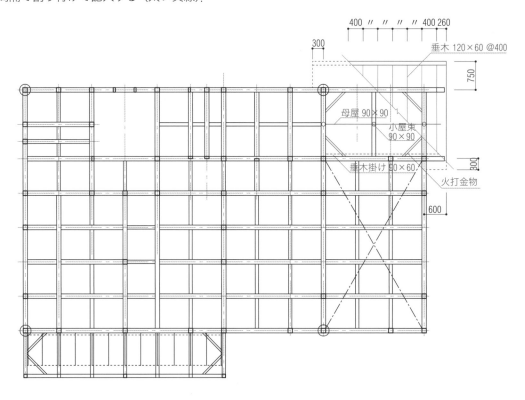

5) 寸法・名称の記入

(1) 寸法線・寸法補助線（細い実線）を引き，寸法・基準記号を記入する．
(2) 各部の名称，図面名・縮尺などを記入して完成させる．

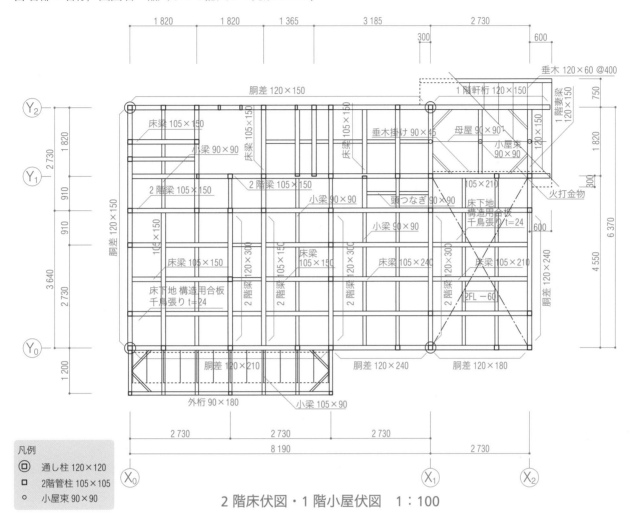

2 階床伏図・1 階小屋伏図　1：100

凡例
◉ 通し柱 120×120
▢ 2階管柱 105×105
◦ 小屋束 90×90

〈剛床工法〉

根太を用いない床組補強の例

根太を用いないで、一定の基準に適合するように
床下地材の構造用合板等を土台や梁・大引等に直接
くぎで打ち付けて床の剛性を高める工法.
一般に根太レス工法または剛床工法と呼ばれる.

柱や間柱と干渉する部分は，
構造用合板を欠き込み，
その周囲のくぎを増し打ちする．

（a）1 階床組　　　　　　　（b）2 階床組

4 2階小屋伏図

〈アイソメ図〉

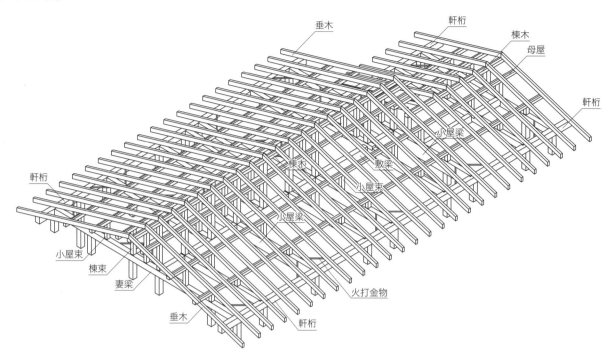

〈完成図〉

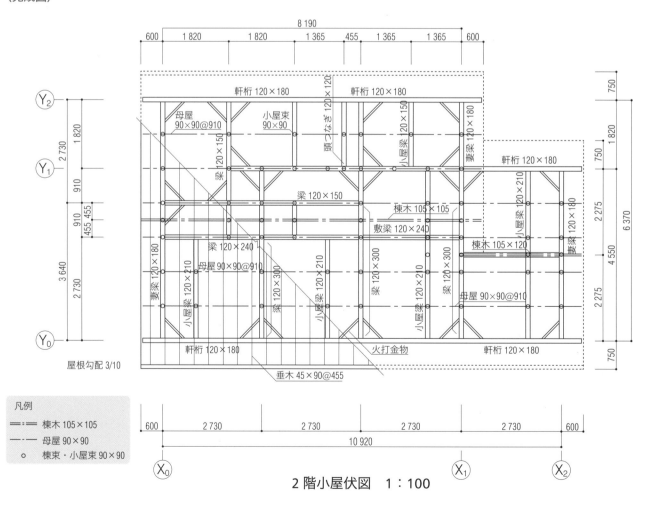

2階小屋伏図　1：100

凡例

══╎══　棟木 105×105

──╎──　母屋 90×90

○　　棟束・小屋束 90×90

屋根勾配 3/10

1) 中心線の下書き

2階小屋伏図を1：100 の縮尺で描く.
(1) 外壁心①〜④を下書きする.
(2) 間仕切壁心⑤〜⑩を下書きする.

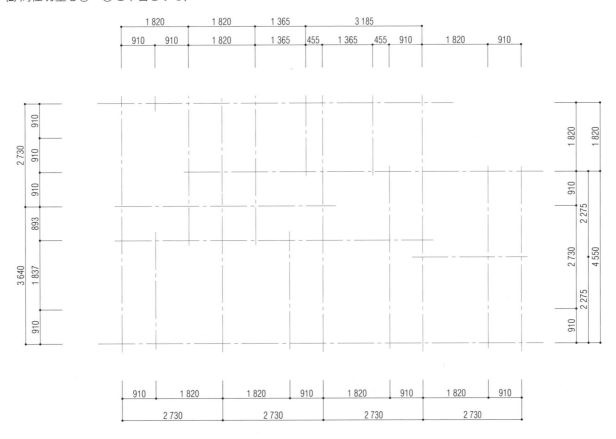

2) 軒桁・妻梁・小屋梁などの下書き

(1) 軒桁・妻梁を外壁の位置に下書きする.
(2) 敷梁・小屋梁を下書きする.
(3) 頭つなぎ・火打金物を下書きする.
(4) 屋根の軒・けらばの出を下書きする（薄い破線）.

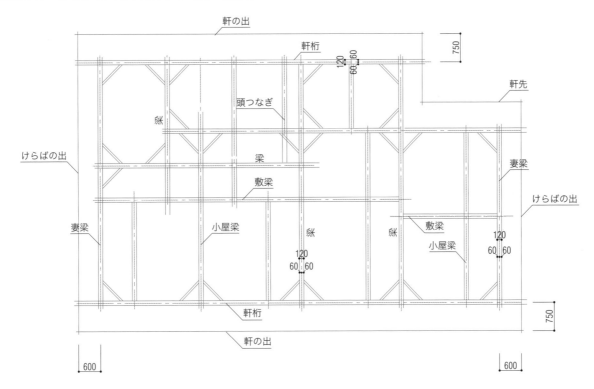

2·8 各種伏図

3) 軒桁・妻梁・敷梁・小屋梁などの仕上げ

(1) 軒桁・妻梁を仕上げる（太い実線）.

(2) 敷梁・梁・小屋梁を仕上げる（太い実線）.

(3) 頭つなぎ・火打金物を仕上げる（太い実線）.

(4) 屋根の軒を仕上げる（太い破線）.

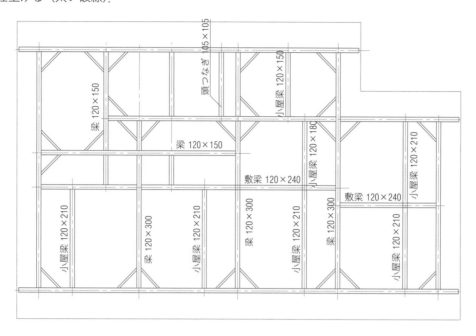

4) 棟木・母屋・母屋受け・垂木の記入

(1) 棟木を，梁間中央に記入する（太い2本の一点鎖線）.

(2) 屋根の軒・けらばを仕上げる（太い破線）.

(3) 母屋を，軒桁から910mm間隔で割り付けて記入する（太い一点鎖線）.

(4) 垂木を描く範囲の破断線を引き，垂木を柱心から455mm間隔で割り付けて
記入する（太い実線）.

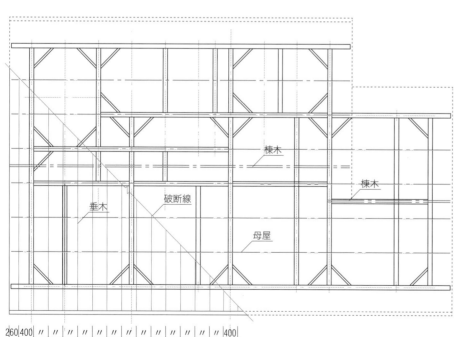

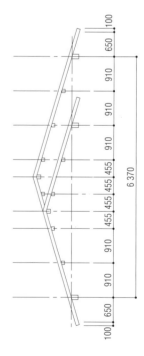

5) 小屋束の記入

(1) 棟束・小屋束を記入する（細い実線）.

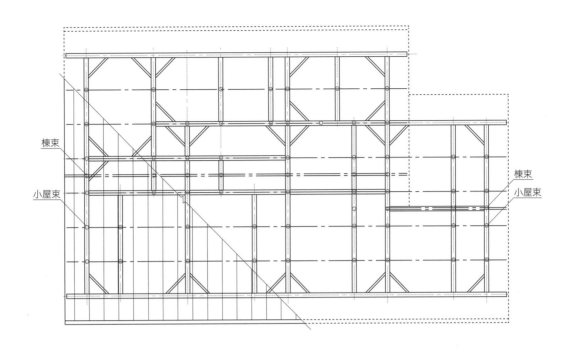

6) 寸法・名称の記入

(1) 寸法線、寸法補助線を引き、寸法を記入する（細い実線）.
(2) 各部の名称、図面名・縮尺などを記入して完成させる.

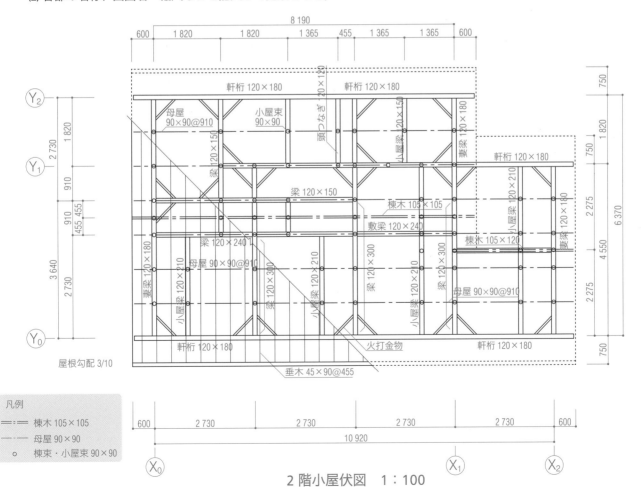

2 階小屋伏図　1：100

凡例
棟木 105×105
母屋 90×90
棟束・小屋束 90×90

〈アイソメ図〉

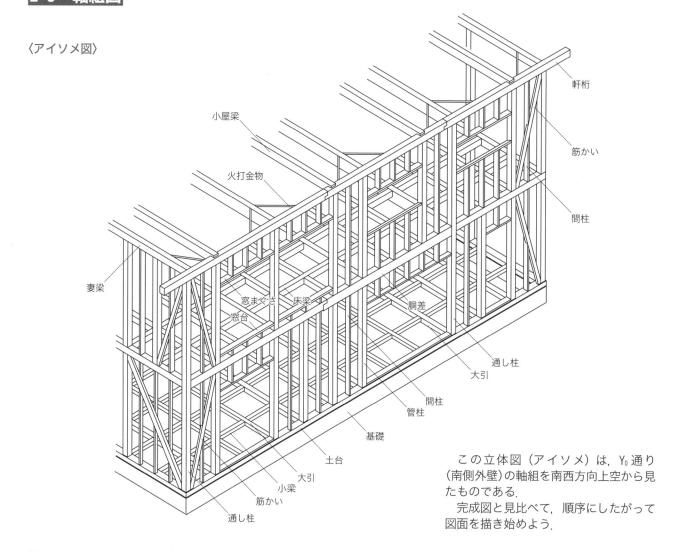

軒桁

筋かい

間柱

小屋梁

火打金物

妻梁

窓まぐさ　床梁

窓台

胴差

通し柱

大引

間柱

管柱

基礎

土台

大引

小梁

筋かい

通し柱

　この立体図（アイソメ）は，Y0通り
（南側外壁）の軸組を南西方向上空から見
たものである．
　完成図と見比べて，順序にしたがって
図面を描き始めよう．

〈完成図〉

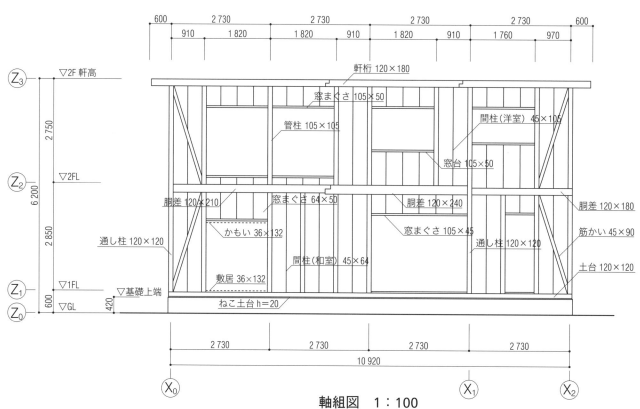

軒桁 120×180

窓まぐさ 105×50

管柱 105×105

間柱（洋室）45×105

窓台 105×50

胴差 120×210

窓まぐさ 64×50

胴差 120×240

胴差 120×180

かもい 36×132

窓まぐさ 105×45

筋かい 45×90

通し柱 120×120

間柱（和室）45×64

通し柱 120×120

土台 120×120

敷居 36×132

ねこ土台 h=20

▽2F 軒高

2 750

▽2FL

6 200

2 850

▽1FL

600

▽基礎上端

▽GL

420

600　2 730　2 730　2 730　2 730　600

910　1 820　1 820　910　1 820　910　1 760　970

2 730　2 730　2 730　2 730

10 920

軸組図　1：100

1) 基準線・中心線の下書き

軸組図（Y_0通り）を1：100の縮尺で描く.

(1) GL①，基礎上端②，1階床高③，2階床高④⑤，軒高⑥を下書きする
（外壁中心線⑦⑧を引き12等分して，その他の柱の中心線⑩〜⑲を非木部よい）.

(2) 外壁心⑦〜⑨と，その他の柱⑩〜⑲の中心線を下書きする.

(3) けらばの出600mm⑲を下書きする（けらばの出は，破風板厚さを約50mm見込んでおく）.

(4) 基礎幅⑳を外壁心より外側に75mmでとる（細い実線）.

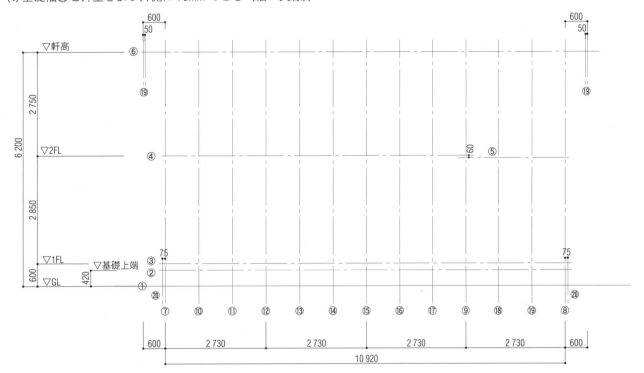

2) 土台・柱・軒桁・胴差の下書き

(1) ねこ土台・土台を下書きする.

(2) 柱を下書きする（管柱は105mm角であるが，通し柱と同じ120mmで描いて差し支えない）.

(3) 2階軒桁を下書きする.

(4) 胴差を下書きする.

(5) 軒桁・胴差の継手位置を下書きする.

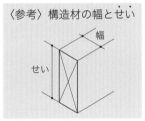

〈参考〉構造材の幅とせい

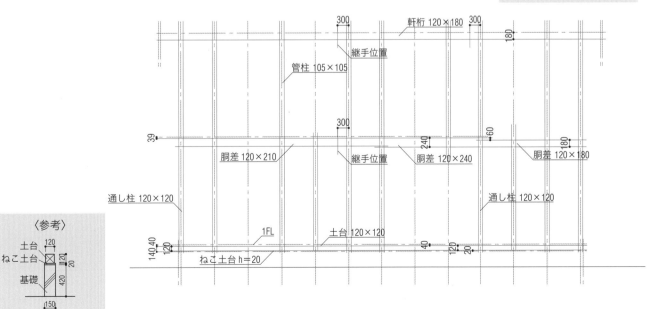

3) 筋かいの下書き

(1) 軒桁・胴差・土台の中心線を下書きする.

(2) 部材どうしの交点を確認しながら，対角線方向に筋かいの中心線を下書きする.

(3) 筋かいの中心線をもとに，筋かいを下書きする.

　※ 本例では外壁は構造用合板12mmを使用のため筋かいはなくてもよいが，強度安定のため四隅にのみ配置する.

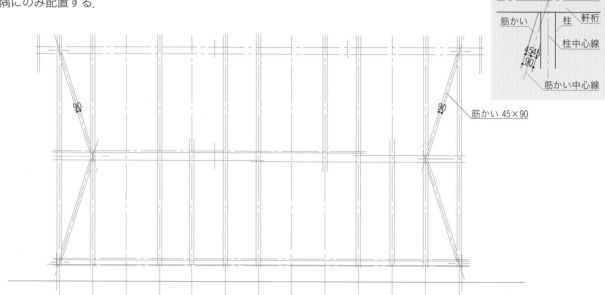

4) 土台・柱・軒桁・胴差・筋かいの仕上げ

(1) 地盤線（GL）を記入する（極太の実線）.

(2) 基礎と土台を仕上げる（太い実線）.

(3) 通し柱・管柱を仕上げる（太い実線）.

(4) 筋かいを仕上げる（太い実線）.

(5) 軒桁・胴差を仕上げ，継手を記入する（太い実線）.

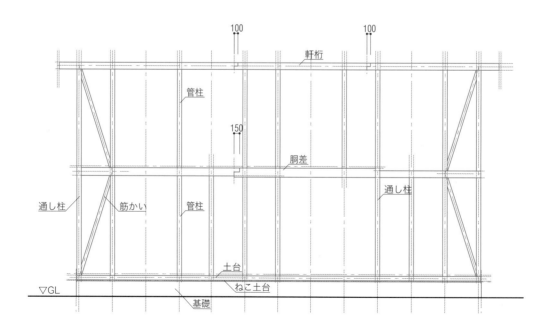

5）敷居・鴨居・窓台・窓まぐさ・間柱の記入

(1) 1階の窓台・窓まぐさを記入する（太い実線）.
(2) 2階の窓台・窓まぐさを記入する（太い実線）.
(3) 1階和室の敷居・かもいを記入する（太い破線）.
(4) 間柱を455mm間隔で記入する（太い実線）.
(5) 敷居・かもいを記入する（太い破線）.

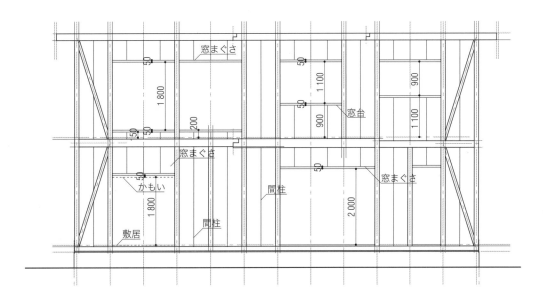

6）寸法・名称の記入

(1) 寸法線・寸法補助線（細い実線）を引き，寸法を記入する.
(2) 各部の名称，図面名・縮尺などを記入し完成させる.

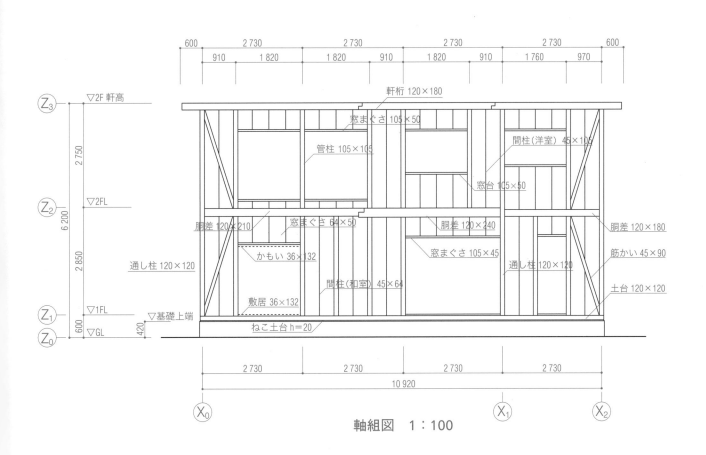

軸組図　1：100

和室土台回り詳細図　1：10

和　室

- たたみ t=50
- 床板 構造用合板 t=24
- 断熱材 t=75
- 大引 90×90 @910
- 小梁 90×90 @910

内障子見込み 30

敷居 36×132

大引受 60×90

鋼製束 @910

アンカーボルト M12 L=500

基礎断熱材 t=50

防湿シート

割栗石

捨てコンクリート

150

135

75

50

150

シャッター

網戸

アルミサッシ

土台 120×120

ねこ土台 t=20

通気水切り

化粧モルタル

パッキング

39　120　20　420　250　50　120

1 290

ウッドデッキ

床板 120×30

▽基礎上端

束 90×90

束石 140×140×100

根太 90×90

1 500

100　100

200

幕板 180×45

▽1FL

70　420　200　100

▽GL

1 土台回り詳細図

2 開口部回り詳細図

開口部回り詳細図　1：10

居間掃出し窓（半外付け）

夫婦寝室窓（半外付け）

構造用合板 t=12
化粧サイディングボード
通気立胴縁 15×40
シーリング
シャッター
網戸
アルミサッシ
断熱材 t=100
石こうボード下地ビニールクロス貼り
窓まぐさ 105×50
胴縁 15×40 @450
シーリング
シャッターボックス
シャッター
網戸
アルミサッシ
額縁 20×127

シャッターボックス
シャッター
網戸
アルミサッシ
通気立胴縁 15×40
柱 120×120
シーリング
フローリングボード t=24
構造用合板 t=15
断熱材 t=75
土台 120×120
基礎断熱材 t=40
断熱材 t=100
水切り金物
化粧モルタル

せん板 20×127
胴縁 15×40 @450
窓台 105×50
石こうボード下地ビニールクロス貼り
断熱材 t=100

3屋根各部詳細図

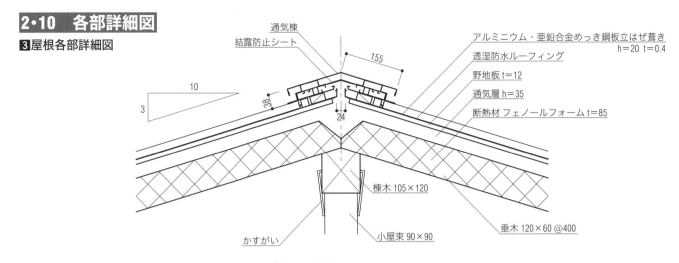

通気棟
結露防止シート
アルミニウム・亜鉛合金めっき鋼板立はぜ葺き h＝20 t＝0.4
透湿防水ルーフィング
野地板 t＝12
通気層 h＝35
断熱材 フェノールフォーム t＝85
棟木 105×120
かすがい
小屋束 90×90
垂木 120×60 @400

棟回り詳細図　1：10

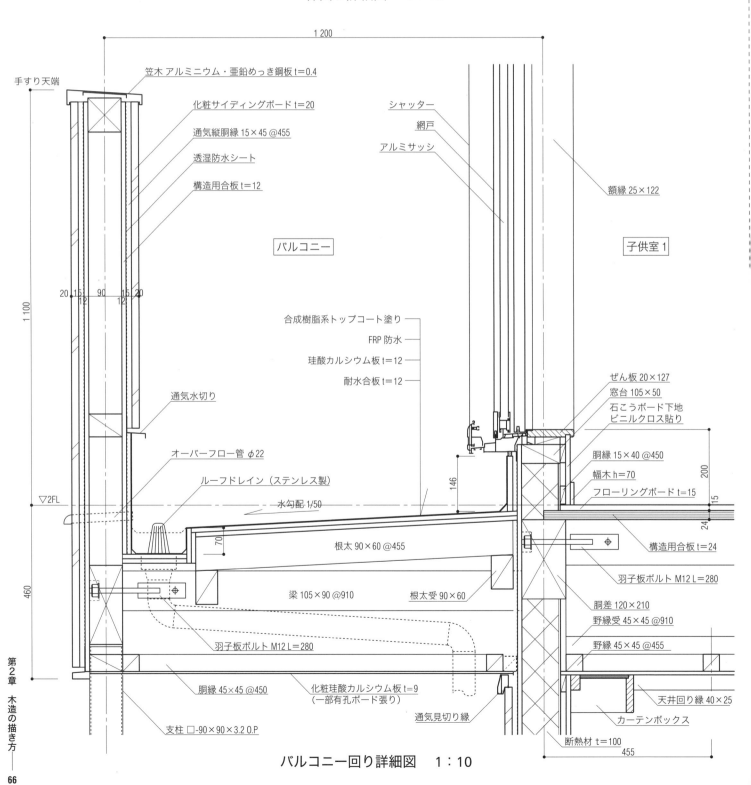

手すり天端
笠木 アルミニウム・亜鉛めっき鋼板 t＝0.4
化粧サイディングボード t＝20
通気縦胴縁 15×45 @455
透湿防水シート
構造用合板 t＝12
シャッター
網戸
アルミサッシ
額縁 25×122
バルコニー
子供室1
合成樹脂系トップコート塗り
FRP 防水
珪酸カルシウム板 t＝12
耐水合板 t＝12
通気水切り
オーバーフロー管 φ22
ルーフドレイン（ステンレス製）
水勾配 1/50
根太 90×60 @455
梁 105×90 @910
根太受 90×60
羽子板ボルト M12 L＝280
胴縁 45×45 @450
化粧珪酸カルシウム板 t＝9
（一部有孔ボード張り）
通気見切縁
支柱 □-90×90×3.2 O.P
ぜん板 20×127
窓台 105×50
石こうボード下地
ビニルクロス貼り
胴縁 15×40 @450
幅木 h＝70
フローリングボード t＝15
構造用合板 t＝24
羽子板ボルト M12 L＝280
胴差 120×210
野縁受 45×45 @910
野縁 45×45 @455
天井回り縁 40×25
カーテンボックス
断熱材 t＝100

バルコニー回り詳細図　1：10

第3章　鉄筋コンクリート造の描き方

◇建築概要◇

a. 用　　　途　専用事務所

b. 地域・地区　商業地域・防火地域

c. 敷 地 面 積　300.00㎡

d. 建 築 面 積　97.58㎡（建ぺい率32.5%）

e. 延 べ 面 積　183.70㎡（容積率61.2%）
　　　　　　　　1階91.85㎡　2階91.85㎡

f. 最 高 高 さ　7.87m

g. 構造・階数　鉄筋コンクリート造・2階建

h. 仕 上 げ　外部　屋根　シート防水（非歩行）

　　　　　　　　　　外壁　打放しコンクリート

　　　　　　　　　　その他　建具　アルミニウムサッシ他

　　　　　　　　内部　事務室　床　長尺塩化ビニルシート張り

　　　　　　　　　　　　　　　壁　ビニルクロス張り

　　　　　　　　　　　　　　　天井　化粧石こうボード

3·1　まず知っておこう

鉄筋コンクリート造の図面を描き始める前に，次の立体図（玄関ホールと階段の部分）で，構造や部材の構成を把握しておこう．

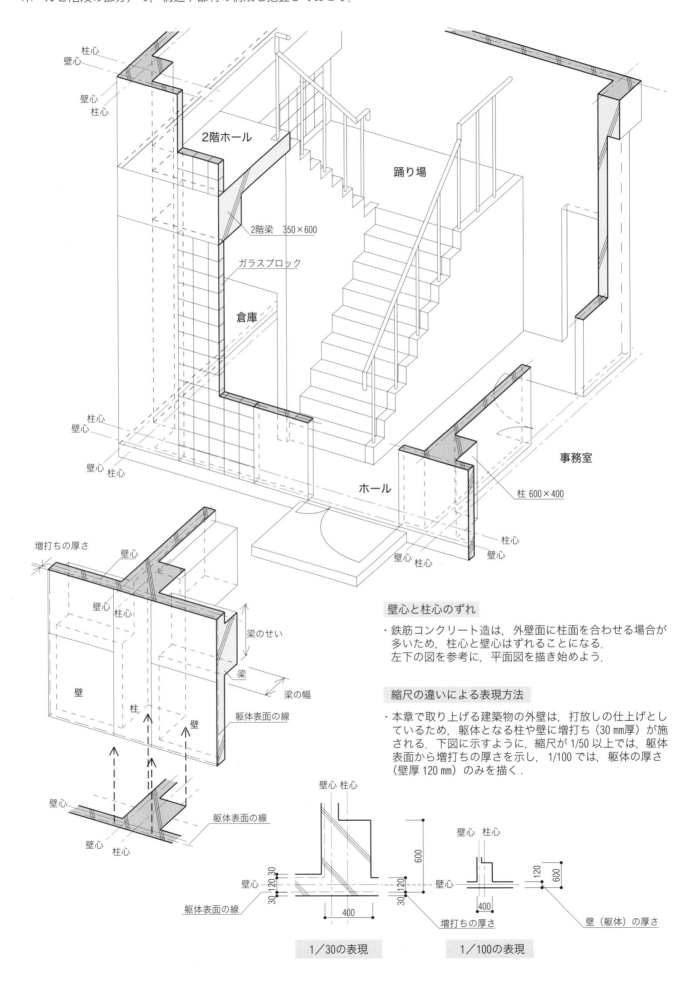

壁心と柱心のずれ

・鉄筋コンクリート造は，外壁面に柱面を合わせる場合が多いため，柱心と壁心はずれることになる．
左下の図を参考に，平面図を描き始めよう．

縮尺の違いによる表現方法

・本章で取り上げる建築物の外壁は，打放しの仕上げとしているため，躯体となる柱や壁に増打ち（30 mm厚）が施される．下図に示すように，縮尺が1/50以上では，躯体表面から増打ちの厚さを示し，1/100では，躯体の厚さ（壁厚120 mm）のみを描く．

1／30の表現　　　　1／100の表現

〈完成図〉

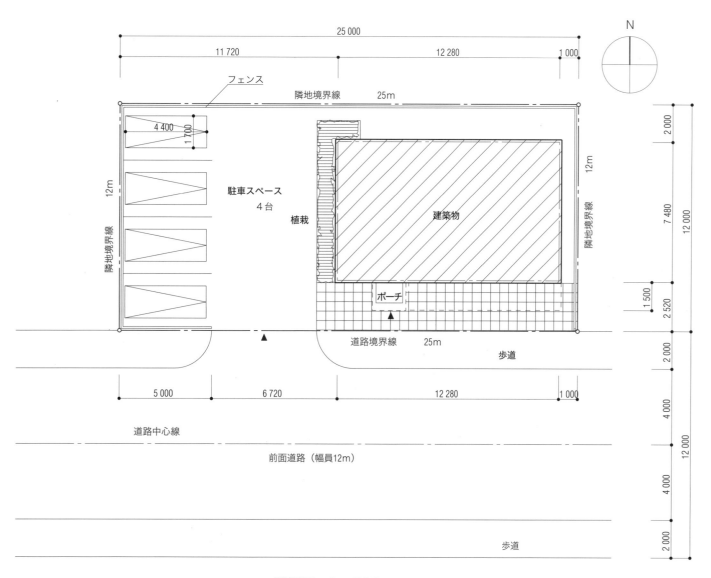

配置図　1：200

作図順序

(1) 隣地境界線・道路境界線を敷地の形状・大きさに合わせ
　　て引く（太い一点鎖線）．
(2) 道路中心線を引く（細い一点鎖線）
(3) 建築物の外壁心と外壁線を下書きする．
(4) (3)で下書きした外壁線を仕上げる（極太の実線）．
(5) 建築物の外壁心を引く（細い一点鎖線）．
(6) (4)で仕上げた外壁線で囲まれた部分をハッチングする
　　（細い実線）．
(7) 敷地内にある駐車スペースや植栽・フェンスなどを記入
　　する（太い実線）．
(8) 敷地に接する道路の形状と幅員や敷地周辺の状況を記入
　　する（太い実線）．
(9) 寸法線・寸法補助線を引き（細い実線），寸法を記入する．
(10) 各隣地境界線の名称や距離，その他各部の名称，出入口
　　の表示（▲）を記入する．
(11) 図面名・縮尺，方位を記入し，完成させる．

■ 1階平面図

この立体図は，床面から約2mの位置で水平に切り，上から見おろしたものである．
1階平面図を描く前に，完成図と見比べておこう．

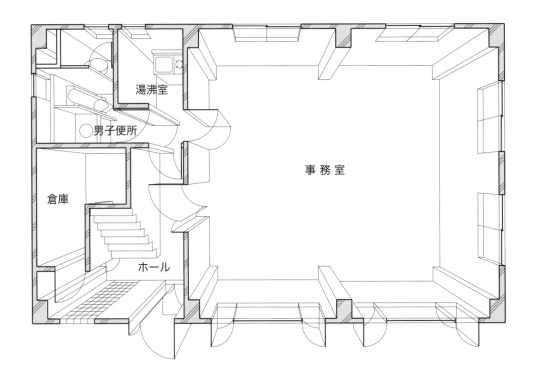

〈完成図〉

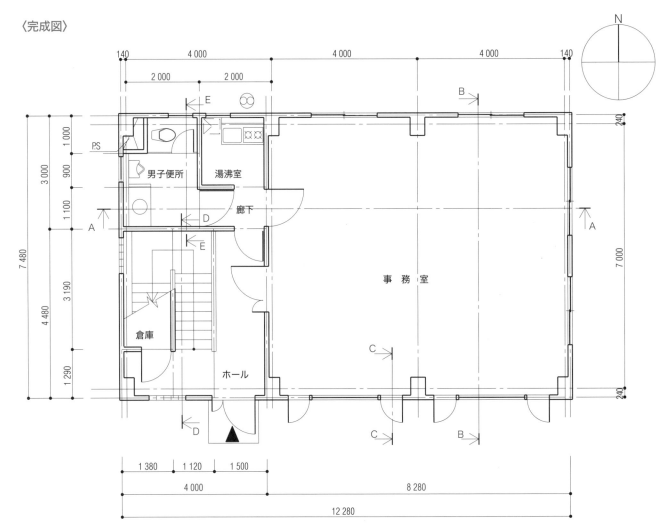

1階平面図　1：100

1) 中心線の記入

1 階平面図を 1：100 の縮尺で描く.
(1) 柱心①～⑥を引く（細い一点鎖線）.
(2) 壁心⑦～⑪を引く（細い一点鎖線）.
(3) 他の壁心⑫～⑱を引く（細い一点鎖線）.

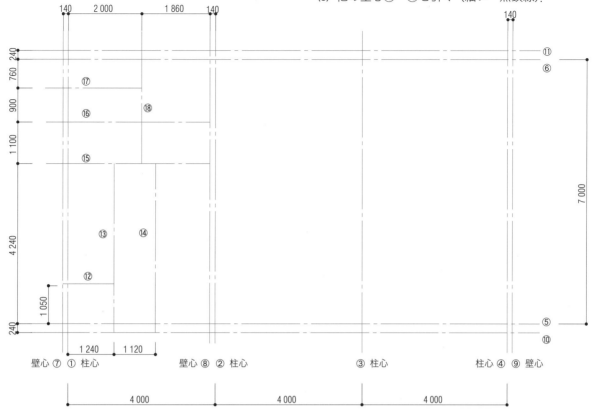

2) 柱の下書き

　柱心から柱の大きさ（600 × 400）を振り分け，下書きする．寸法Aは柱の大きさを示し，寸法Bは柱と壁との取合い部分の寸法を示している．

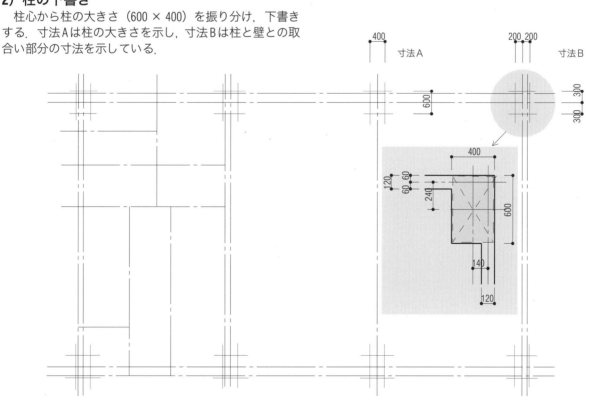

3) 壁の下書き

(1) 壁の厚さ（120mm）を壁心から振り分け，下書きする.
(2) 階段部分の破断線を下書きする.

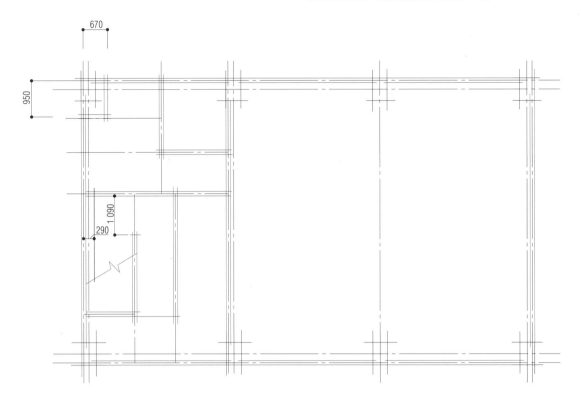

4) 開口部の下書き

(1) 壁に窓・出入口の幅をとる(男子便所の寸法は p.102 参照).
(2) 引違い窓の幅の中心線を下書きする.
　　事務室北側の引違い窓の中心は，柱間の中心と一致しているので，この中心から開口部の幅を振り分ける.

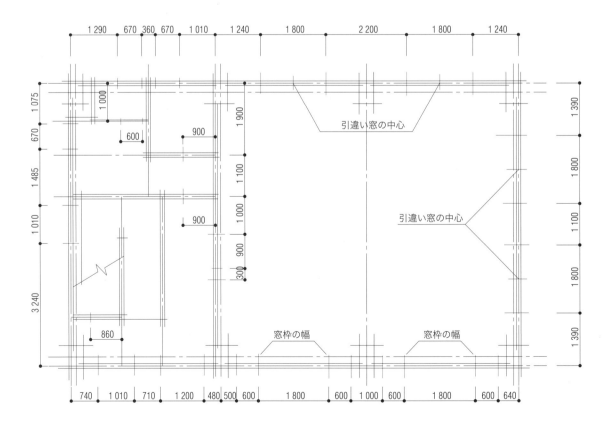

5) 柱・壁の仕上げ

柱・壁を仕上げる（極太の実線）.
※①と②は姿として見える部分なので，太い実線として描く.

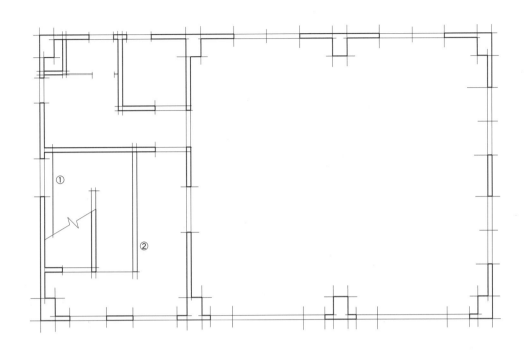

6) 建具の記入

(1) 外壁面にある窓を下書きする.
(2) 出入口の扉を下書きする.
(3) 下書きした窓と扉を仕上げる（極太の実線，細い実線）.
(4) 2 箇所のガラスブロック（開口部幅 1 010mm）は，1 つ
   のブロック幅を 200mm とする.
※ 建具の描き方は，p.19 図 A を参照.

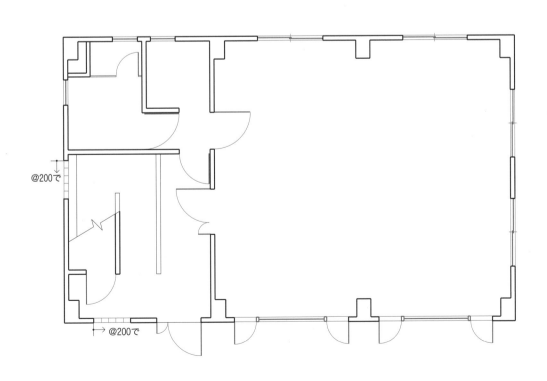

7）階段の下書き・仕上げ，設備機器などの記入

(1) 階段の踏面の幅(250mm)をとり，下書きする(p.93参照).
(2) 階段の上り方向を表す矢線を下書きする.
(3) 下書きした部分を仕上げる（太い実線）.
(4) 便器・洗面台・流し台・換気扇の記号を描く（太い実線）.
(5) 玄関ポーチを描く（細い実線）.

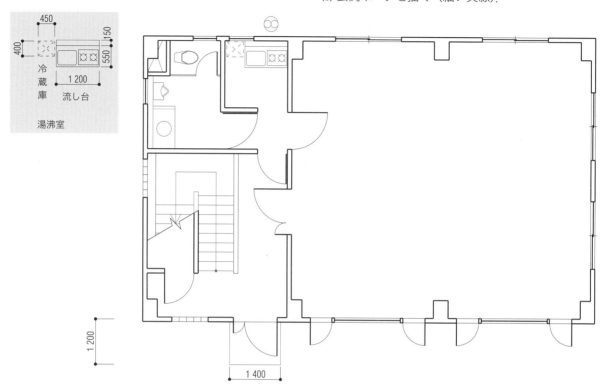

8）寸法・名称の記入

(1) 寸法線・寸法補助線を引き（細い実線），寸法を記入する.
(2) 出入口の表示（▲）を記入する.

(3) 断面図・かなばかり図・詳細図の切断位置を示す切断線（細い一点鎖線）を引き，記号を記入する.
(4) 室名，図面名・縮尺，方位を記入し，完成させる.

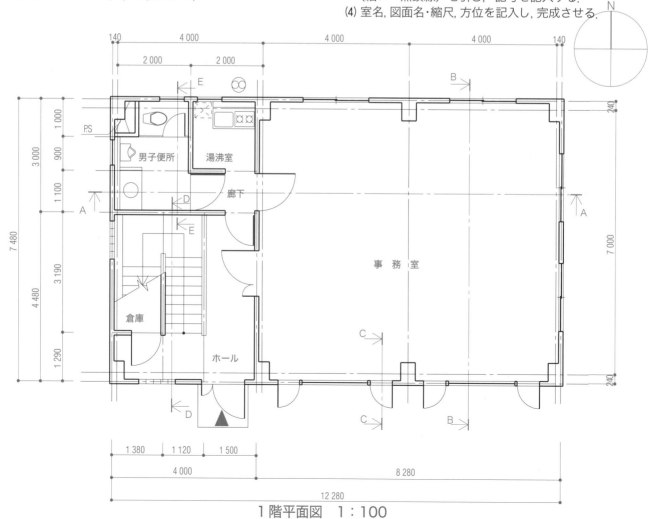

1 階平面図　1：100

2 2 階平面図

2 階平面図は，1 階平面図と同様の縮尺と順序で描く．

(1) 1 階平面図と異なって，描く部分は階段・女子便所・バルコニーである．
　・階段は，姿として見える部分をすべて描く（太い実線）．
　・女子便所には，掃除用具入れを設置する．
　・バルコニーは，壁の厚さを 120mm とする．

(2) 玄関のひさしを幅 1 500mm・長さ 1 560mm の大きさで描く（太い実線）．

(3) バルコニーの排水溝（100mm）を描き（太い実線），水勾配の矢線を引く（細い実線）．

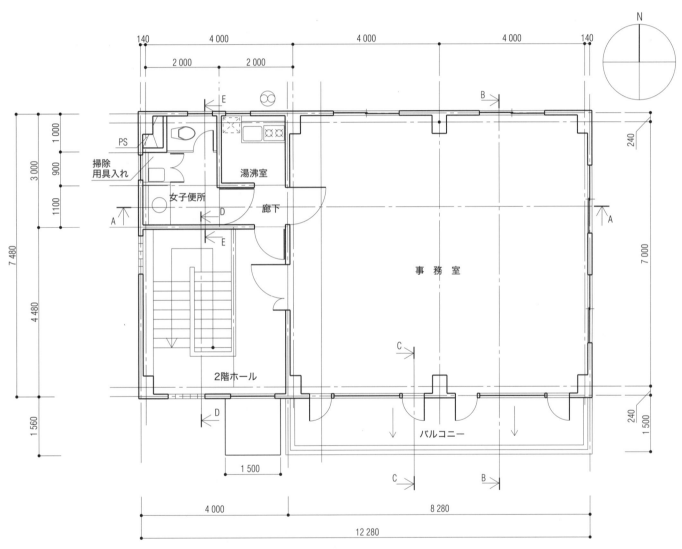

2 階平面図　1：100

この立体図（断面パース）は，完成図より北側を見たものである．A‐A断面図を描く前に，完成図と見比べておこう．
※ 1FL＝1階床高，2FL＝2階床高，RFL＝屋上階梁高

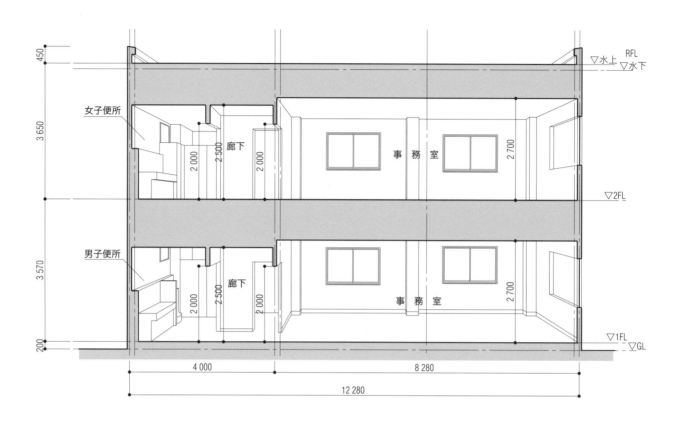

〈完成図〉

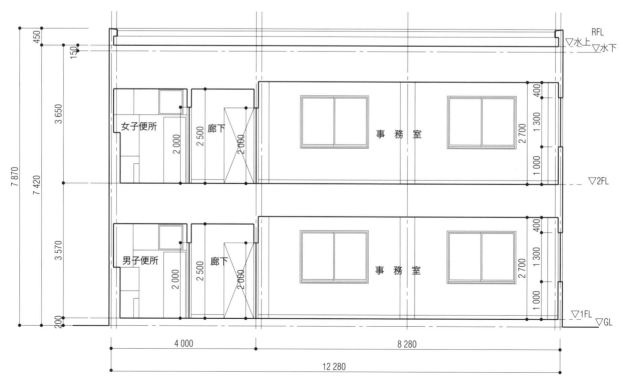

A‐A断面図　1：100

第3章 鉄筋コンクリート造の描き方

1）基準線・中心線の記入

断面図を 1：100 の縮尺で描く.

(1) 地盤線（GL）①を引く（細い一点鎖線）.

(2) 高さの基準線②～⑥を引く（細い一点鎖線）. ② 1 階床高（1FL），③ 2 階床高（2FL），④⑤屋上階梁水下水上（RFL），

⑥パラペット上端

(3) 柱心⑦～⑩を引く（細い一点鎖線）.

(4) 壁心⑪～⑬を引く（細い一点鎖線）.

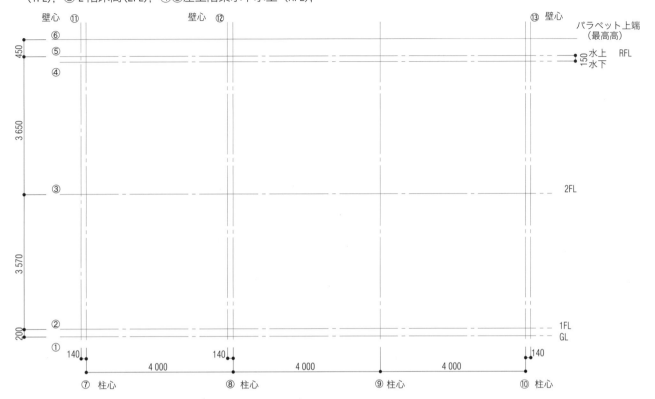

2）壁・屋根・開口部の下書き

(1) 壁心から壁の厚さ(120mm)を振り分け，下書きする(図 A 参照).

(2) 1・2 階の床面から天井面までの高さをとり，下書きする. 天井高／事務室：2 700mm，便所・廊下：2 500mm

(3) 扉の内法高（2 000mm）を床面からとり，天井からの垂れ壁①～④を下書きする.

(4) 東側（図面右側）の引違い窓⑤～⑥の高さをとる.

(5) 屋根面の線を下書きする.

(6) パラペット⑦～⑧を下書きする（p.86 参照）.

(7) 便所のライニング壁⑨～⑩の高さと厚さをとり，下書きする（p.108 参照）.

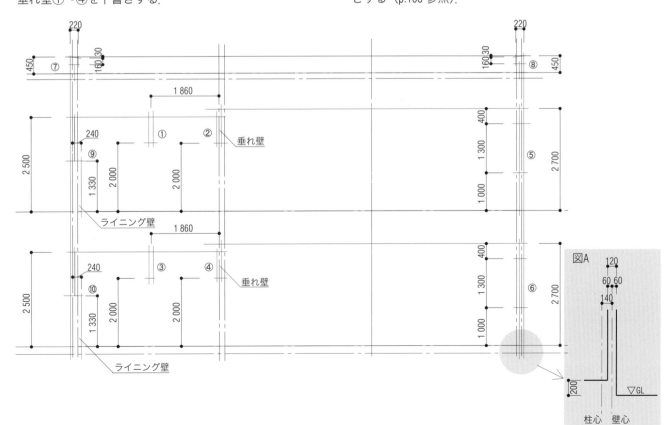

3) 壁・屋根・床などの仕上げ

(1) 下書きした壁・屋根などを仕上げる（極太の実線）.
(2) 建具を描く（極太の実線）.

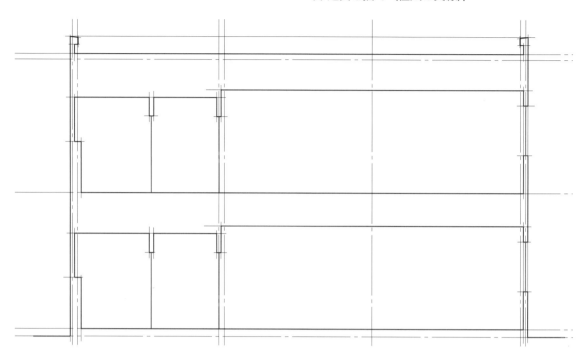

4) 壁面の姿の記入

(1) パラペットの姿として見える線を引く（太い実線）.
(2) 柱や壁の姿として見える線を引く（太い実線）.
(3) 建具の姿として見える線を引く（太い実線）.
(4) その他，姿として見える線を仕上げる（太い実線）.
(5) 湯沸室の出入口の部分を開口部としてわかるように，対角線を引く（細い実線）.

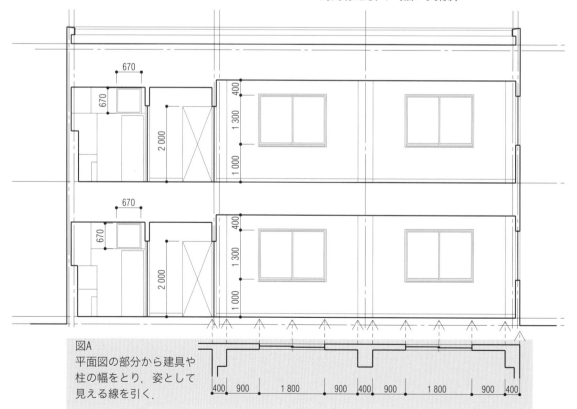

図A
平面図の部分から建具や柱の幅をとり，姿として見える線を引く.

5) 寸法・名称の記入

(1) 寸法線・寸法補助線を引き（細い実線），寸法を記入する．
(2) 室名，図面名・縮尺を記入し，完成させる．

A－A断面図　1：100

〈**B-B** 断面図／完成図〉

B－B断面図は，A－A断面図と同様の縮尺と順序で描く．
この断面図は，基礎・基礎梁・スラブなどの断面形状を
示したものである．各部材の寸法については，かなばか
り図（p.84）を参照して描く．

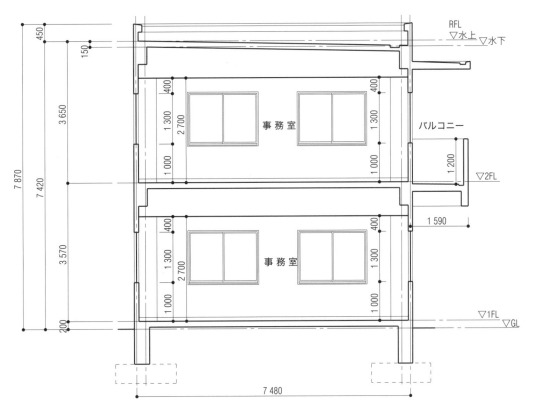

B－B断面図　1：100

3・5 南立面図

　この立体図（アイソメ）は，敷地の南西方向上空から見たものである．立面図を描く前に，各面の形状を十分に把握して，完成図と見比べながら順序にしたがって描き始めよう．

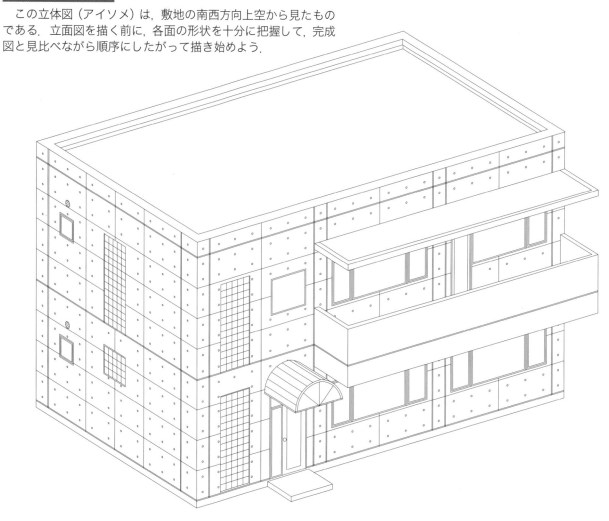

〈完成図〉

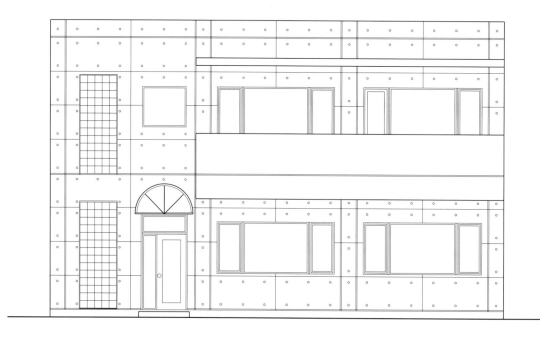

南立面図　1：100

1）基準線・中心線の下書き

立面図を1:100の縮尺で描く.

(1) 地盤線（GL）①を引く.

(2) 高さの基準線②～④を引く（細い一点鎖線）.
　　②1階床面，③2階床面，④屋根面（水上）

(3) 壁心⑤～⑦と柱心⑧を引く（細い一点鎖線）.

⑤西側外壁心，⑥事務室西側壁心，⑦東側外壁心，⑧事務室中央柱心

(4) 高さの基準線から，バルコニーとひさしの姿として見える線⑨～⑬を下書きする.
　　⑨バルコニー（下端），⑩バルコニー（上端），⑪ひさし（下端），⑫ひさし（上端），⑬パラペット（上端，図A参照）

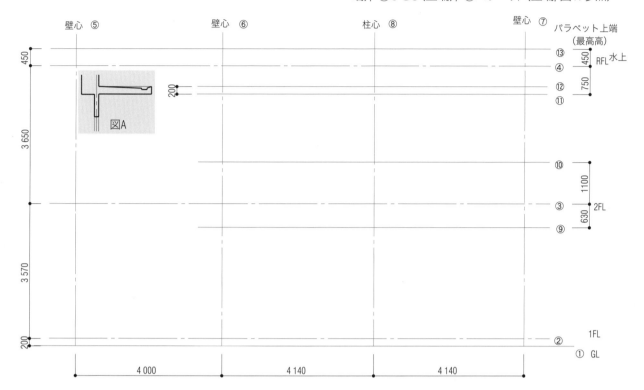

2）壁・開口部などの下書き

(1) 両端の壁心から壁の厚さ（60mm）を外側にとる.

(2) 開口部の内法幅と内法高をとり，下書きする.

(3) 玄関上部にある半円形のひさしを下書きする.

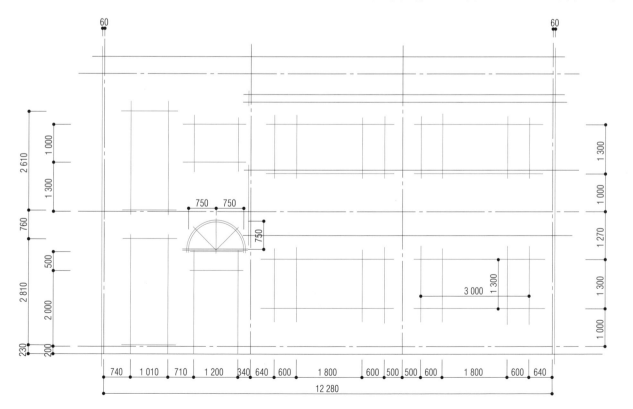

3) 壁・建具などの仕上げ

(1) 建具を仕上げる（太い実線）.
(2) ガラスブロック（200 × 200mm）の目地線を下書きした後に, 仕上げる（細い実線）.
(3) 壁・バルコニー・ひさしなどを仕上げる（太い実線）.
(4) 地盤線（GL）を仕上げる（極太の実線）

4) 型枠パネルの割付けの記入

型枠の割付けを描く（細い実線）.
※ この建築物は, 外壁の仕上げを打放しコンクリートとしているため, 型枠パネルをデザイン上, 割付けている. これを一般的にパネル割りをするという.

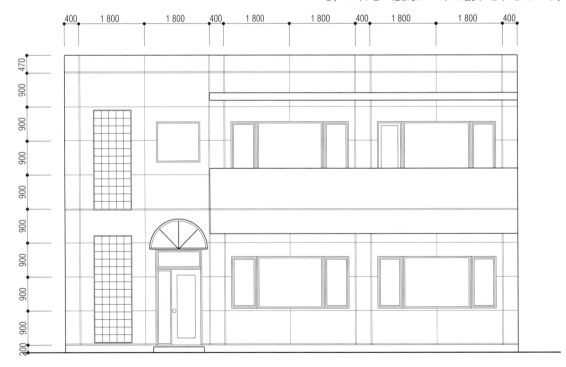

5）セパレータ穴の記入

(1) セパレータ穴の割付けは，記入する位置に補助線を引き，テンプレートなどを用いて仕上げる（細い実線）．
(2) 図面名・縮尺を記入し，完成させる．

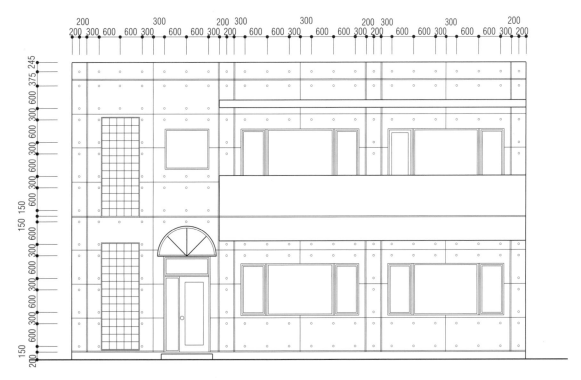

南立面図　1：100

〈西立面図／完成図〉

西立面図は，南立面図と同様の縮尺と順序で描く．
※ 西側の開口部などは，平面図（p.72）・階段回り詳細図（p.99）・便所回り詳細図（p.106）を参照して描く．玄関のひさしやバルコニーなどは，かなばかり図（p.84）を参照して描く．

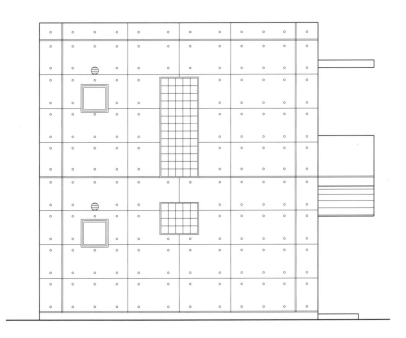

西立面図　1：100

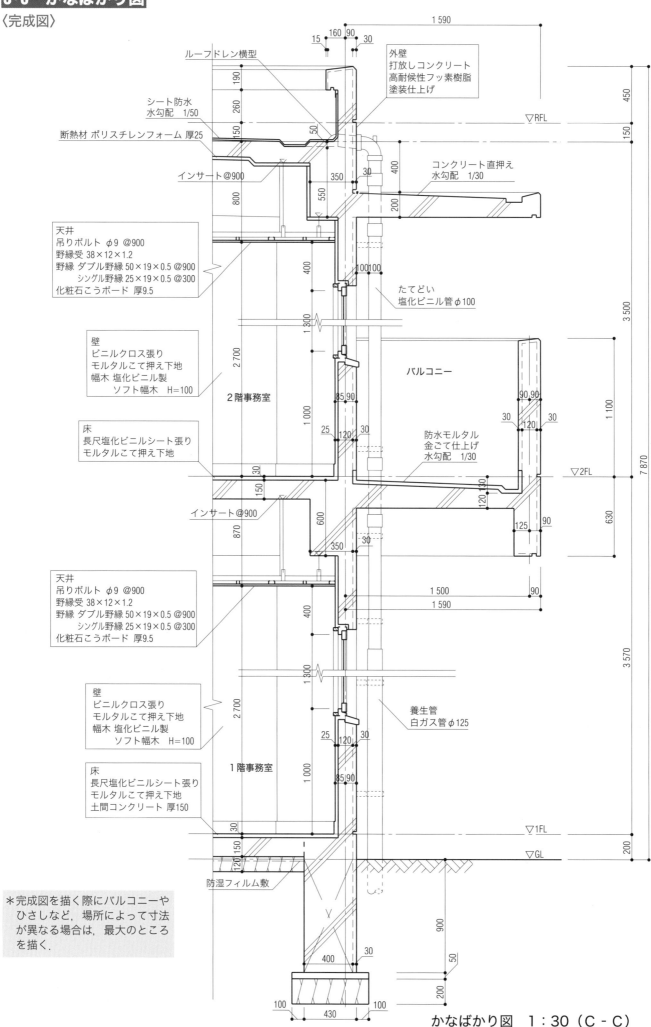

ルーフドレン横型

シート防水
水勾配 1/50

断熱材 ポリスチレンフォーム 厚25

インサート@900

外壁
打放しコンクリート
高耐候性フッ素樹脂
塗装仕上げ

コンクリート直押え
水勾配 1/30

天井
吊りボルト φ9 @900
野縁受 38×12×1.2
野縁 ダブル野縁 50×19×0.5 @900
　　　シングル野縁 25×19×0.5 @300
化粧石こうボード 厚9.5

たてどい
塩化ビニル管φ100

壁
ビニルクロス張り
モルタルこて押え下地
幅木 塩化ビニル製
　　　ソフト幅木　H=100

バルコニー

床
長尺塩化ビニルシート張り
モルタルこて押え下地

2階事務室

防水モルタル
金ごて仕上げ
水勾配　1/30

インサート@900

天井
吊りボルト φ9 @900
野縁受 38×12×1.2
野縁 ダブル野縁 50×19×0.5 @900
　　　シングル野縁 25×19×0.5 @300
化粧石こうボード 厚9.5

壁
ビニルクロス張り
モルタルこて押え下地
幅木 塩化ビニル製
　　　ソフト幅木　H=100

養生管
白ガス管φ125

床
長尺塩化ビニルシート張り
モルタルこて押え下地
土間コンクリート 厚150

1階事務室

防湿フィルム敷

＊完成図を描く際にバルコニーや
　ひさしなど，場所によって寸法
　が異なる場合は，最大のところ
　を描く．

かなばかり図　1：30（C‐C）

▽RFL
▽2FL
▽1FL
▽GL

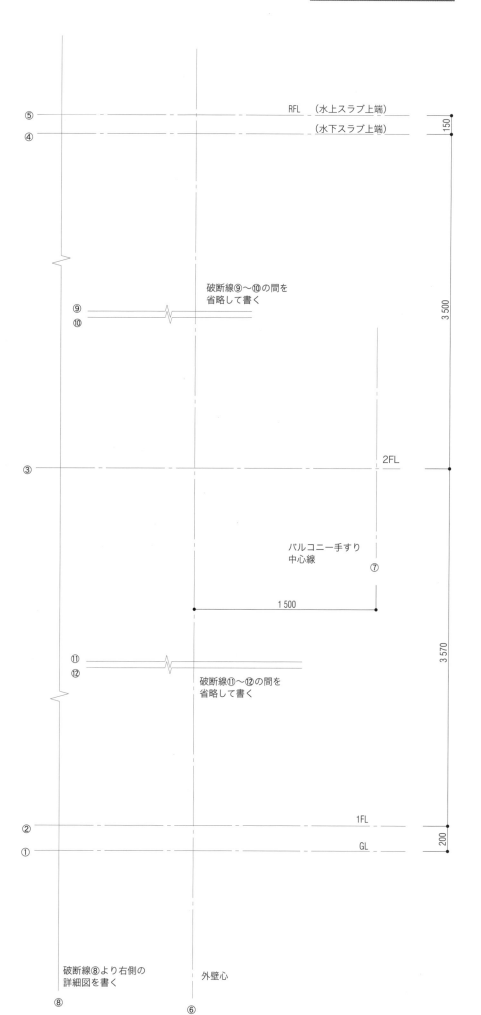

3・6 かなばかり図

1) 基準線・中心線の記入

かなばかり図を 1:30 の縮尺で描く.

(1) 地盤線（GL）①を引く（細い一点鎖線）.

(2) 1 階床仕上げ面（1FL）の基準線②を引く（細い一点鎖線）.

(3) 2 階床仕上げ面（2FL）の基準線③を引く（細い一点鎖線）.

(4) 水下・水上スラブ上端の基準線④，⑤を引く（細い一点鎖線）.

(5) 外壁心⑥を引く（細い一点鎖線）.

(6) バルコニー手すりの中心線⑦を引く（細い一点鎖線）.

(7) 破断線⑧を壁心⑥より約 1.1m 左側に引く（細い実線）.

(8) 高さを省略する部分に破断線⑨，⑩および⑪，⑫を引く（細い実線）.

※ 破断線⑨〜⑩，⑪〜⑫は，用紙中に全図面が納まらないため，省略しても差し支えない部分を切断して作図している.

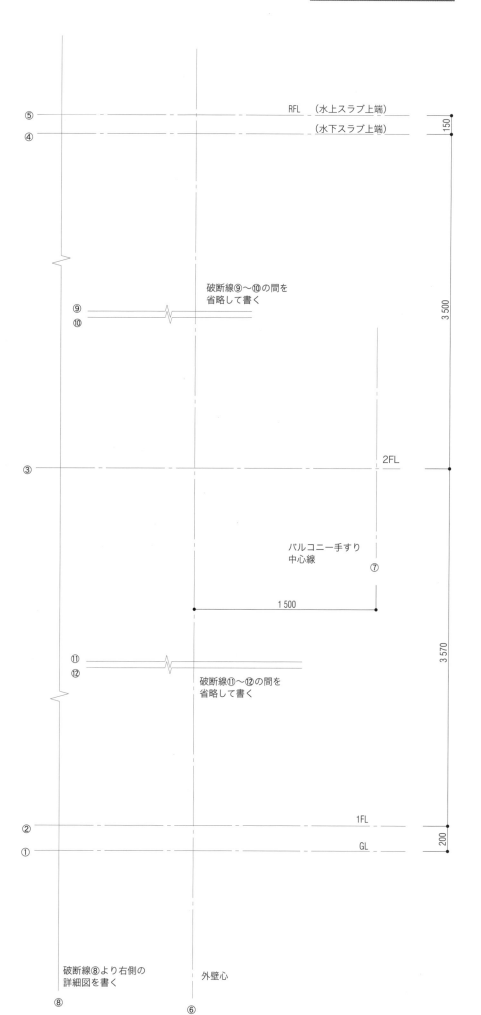

3·6 かなばかり図

2) 躯体の下書き

(1) 壁の厚さは，外壁心から室内側（60mm）・外側（60mm）を振り分け，増打ち（30mm）を下書きする.

(2) 1階床仕上げ（30mm）・土間コンクリート（150mm）・割ぐり石（120mm）を下書きする.

(3) 基礎梁，基礎梁下部の捨コンクリート（50mm）・割ぐり石（200mm）を下書きする.

(4) 2階梁，2階床仕上げ（30mm）・床スラブ（150mm）を下書きする.

(5) R階梁を下書きし，外壁心⑥と基準線④の交点より1/50の勾配で屋根スラブ（130mm）を下書きする.

(6) ひさし・バルコニーを下書きし，パラペットは下図を参照して下書きする.

(7) 開口部を下書きする.

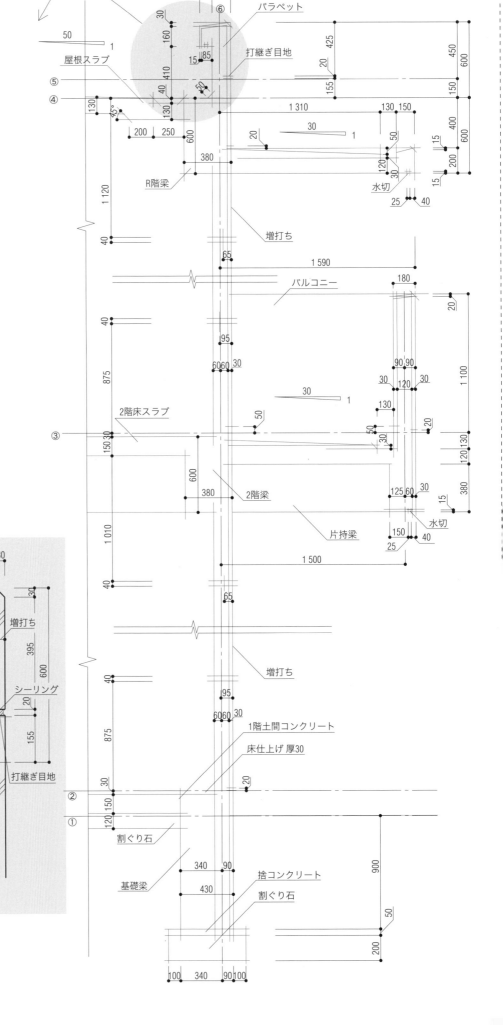

パラペット回り詳細図

第3章　鉄筋コンクリート造の描き方

3）屋根・バルコニーなどの下書き

(1) 屋根・パラペットの防水層を下書きする.

(2) 屋根スラブ下の断熱材を下書きする.

(3) バルコニーの防水仕上げを下書きする.

(4) ルーフドレン・たてどいを下書きする.

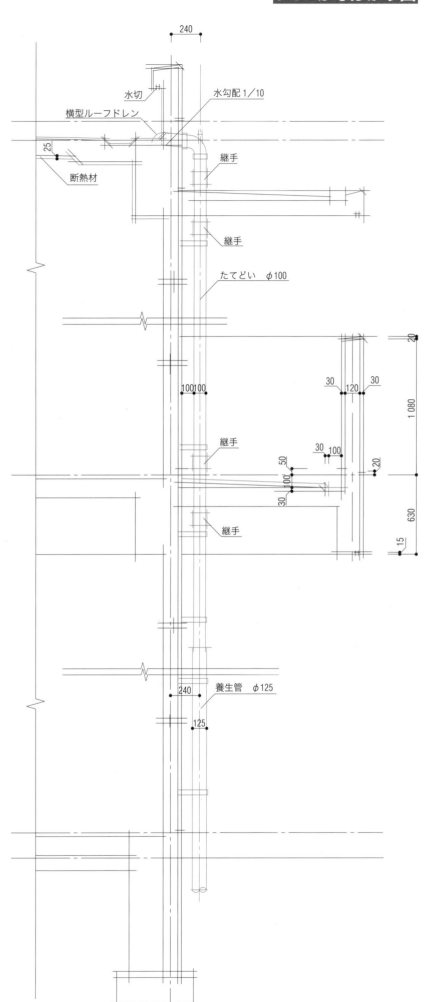

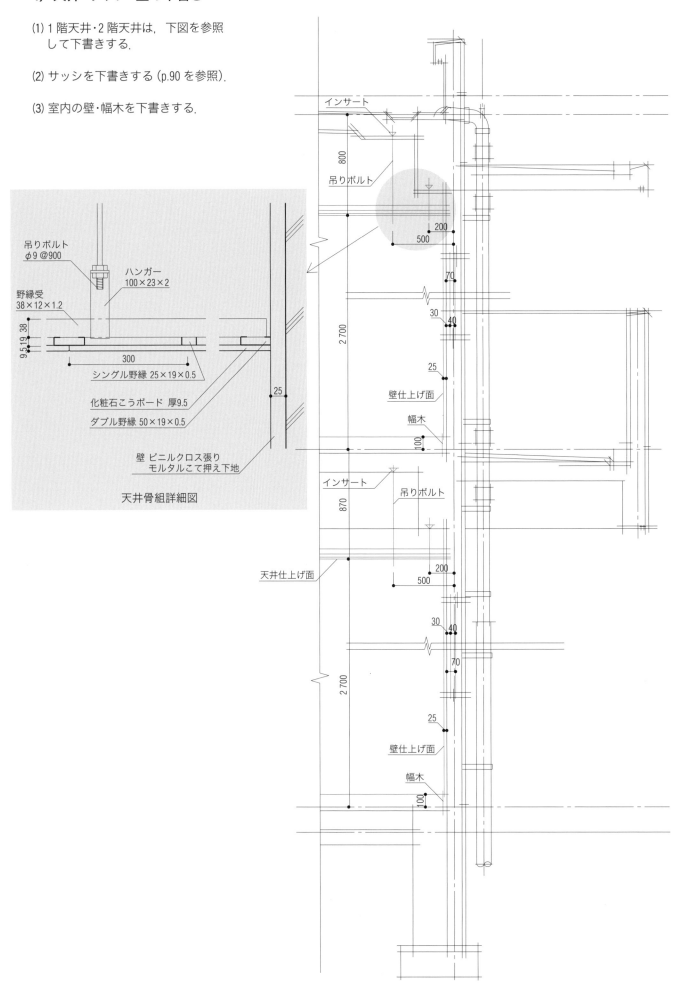

3·6 かなばかり図

4) 天井・サッシ・壁の下書き

(1) 1階天井・2階天井は，下図を参照
して下書きする．

(2) サッシを下書きする（p.90を参照）．

(3) 室内の壁・幅木を下書きする．

吊りボルト
φ9 @900

ハンガー
100×23×2

野縁受
38×12×1.2

9.5 19 38

300

シングル野縁 25×19×0.5

化粧石こうボード 厚9.5

ダブル野縁 50×19×0.5

壁 ビニルクロス張り
モルタルこて押え下地

天井骨組詳細図

25

インサート

800

吊りボルト

200

500

70

2 700

30

40

25

壁仕上げ面

幅木

100

インサート

870

天井仕上げ面

200

500

30

40

2 700

70

25

壁仕上げ面

幅木

100

5) 躯体の仕上げ，柱・梁の姿の下書き

(1) 地盤線（GL）を仕上げる（極太の実線）．

(2) 躯体(壁・床・梁・ひさし・パラペット・バルコニー）を仕上げる（極太の実線）．

(3) 増打ち部分の躯体線を仕上げる（細い破線）．

(4) 姿として見えるR階梁を屋根スラブと同じ1/50勾配で下書きする．

(5) 柱面（躯体）を下書きする．

(6) 柱仕上げ面を下書きする．

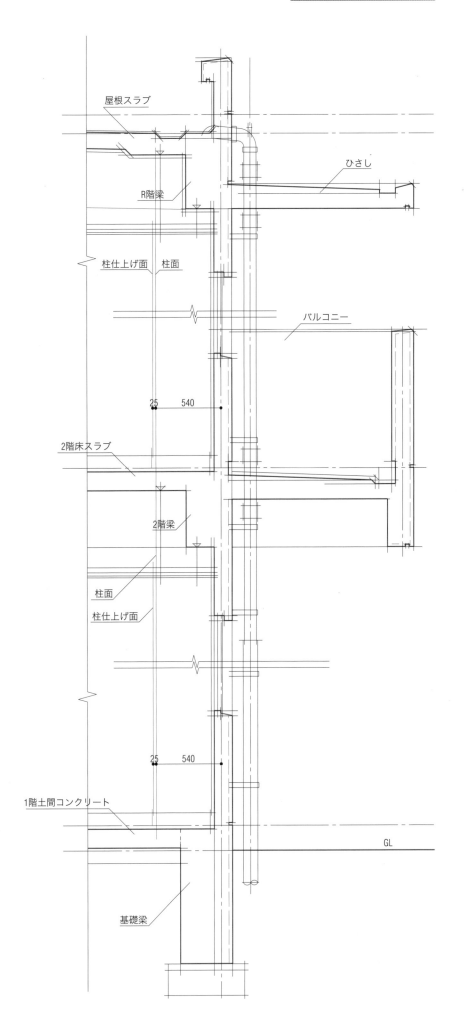

3·6 かなばかり図

6) 各部の仕上げ

(1) 1階天井・2階天井を仕上げる.

(2) 開口部回りとサッシの断面・室内側壁面を仕上げる(極太の実線).

(3) バルコニーのモルタル防水層を仕上げる(極太の実線).

(4) とい回りを仕上げる(太い実線). ただし, 地中部分の隠れ線は, 細い破線で引く.

(5) 捨コンクリート・割ぐり石を仕上げる(極太の実線).

(6) 姿として見える線(パラペット・ひさし・バルコニー手すり・梁下端・柱・開口部回り・室内壁面)を仕上げる(太い実線).

(7) 防湿フィルムを記入する(細い破線).

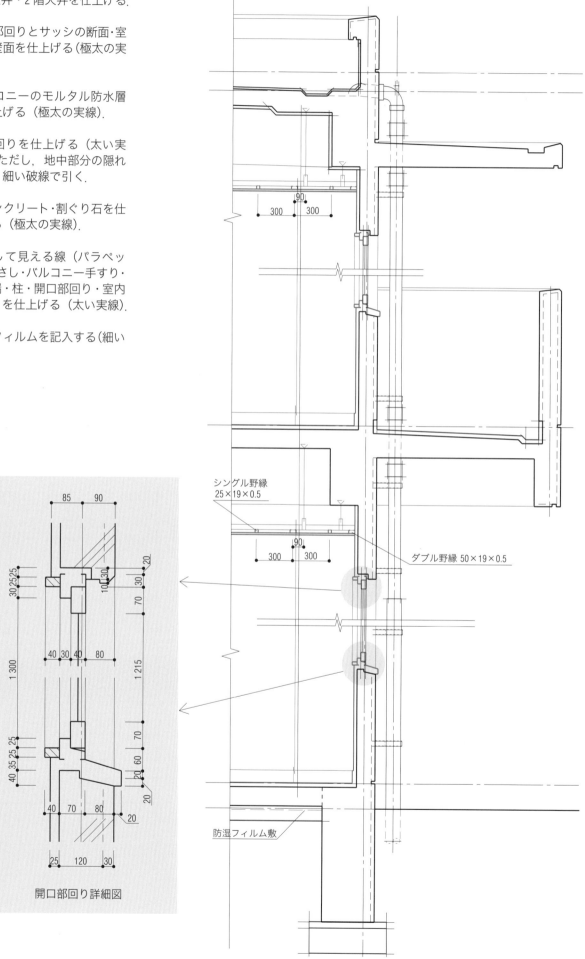

開口部回り詳細図

7) 材料構造表示記号・寸法・名称の記入

ルーフドレン横型

シート防水
水勾配 1/50

断熱材 ポリスチレンフォーム 厚25

インサート@900

天井
吊りボルト φ9 @900
野縁受 38×12×1.2
野縁 ダブル野縁 50×19×0.5 @900
　　　シングル野縁 25×19×0.5 @300
化粧石こうボード 厚9.5

壁
ビニルクロス張り
モルタルこて押え下地
幅木 塩化ビニル製
　　　ソフト幅木 H=100

床
長尺塩化ビニルシート張り
モルタルこて押え下地

2階事務室

インサート@900

天井
吊りボルト φ9 @900
野縁受 38×12×1.2
野縁 ダブル野縁 50×19×0.5 @900
　　　シングル野縁 25×19×0.5 @300
化粧石こうボード 厚9.5

壁
ビニルクロス張り
モルタルこて押え下地
幅木 塩化ビニル製
　　　ソフト幅木 H=100

1階事務室

床
長尺塩化ビニルシート張り
モルタルこて押え下地
土間コンクリート 厚150

外壁
打放しコンクリート
高耐候性フッ素樹脂
塗装仕上げ

コンクリート直押え
水勾配 1/30

たてどい
塩化ビニル管φ100

バルコニー

防水モルタル
金ごて仕上げ
水勾配 1/30

養生管
白ガス管φ125

防湿フィルム敷

▽RFL
▽2FL
▽1FL
▽GL

(1) 地盤・鉄筋コンクリート・割ぐり石の材料構造表示記号を記入する(細い実線).

(2) 寸法線・寸法補助線を引き(細い実線),寸法を記入する.

(3) 室名,各部の名称,図面名・縮尺を記入し,完成させる.

かなばかり図 1：30（C - C）

■ 平面詳細図

〈完成図〉

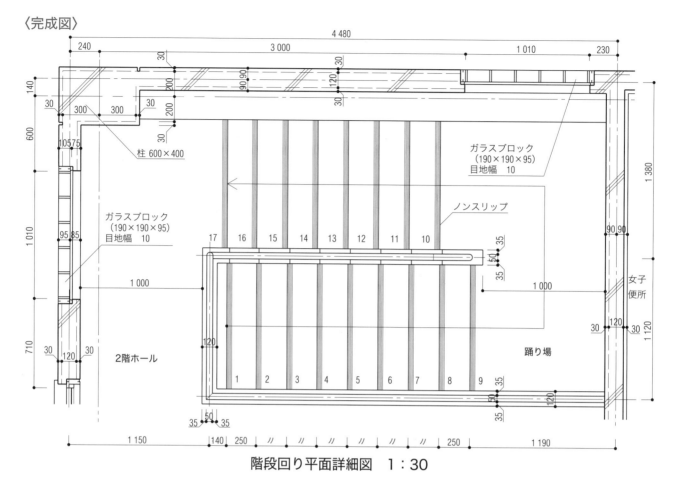

階段回り平面詳細図　1：30

1）中心線の記入・躯体の下書き

階段回りの平面詳細図を 1：30 の縮尺で描く.

(1) 壁心・柱心・手すり中心線①〜⑧を引く（細い一点鎖線）.

(2) 各壁心から壁の厚さ（増打ちを含む）を振り分け, 下書きする.

(3) 柱心から柱幅（増打ちを含む）を振り分け, 下書きする.

(4) ガラスブロックとはめ殺し窓の入る開口部を下書きする.

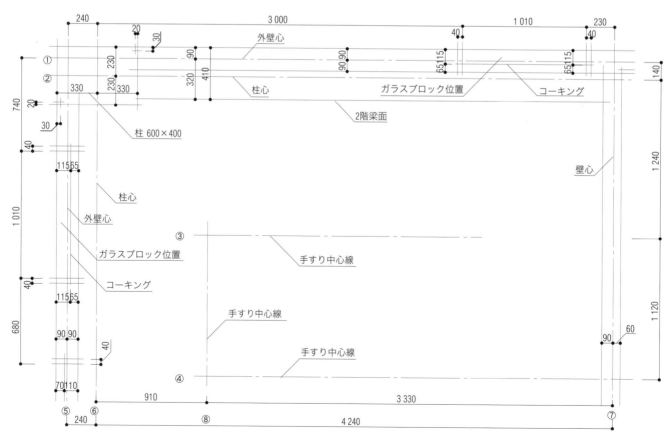

2) 踏面・手すりの下書き

(1) 踏面を下書きする（下図参照）.
(2) 手すりを下書きする.
(3) 増打ち部分の躯体線を下書きする.
(4) 階段室に隣接する便所を下書きする（p.102 参照）

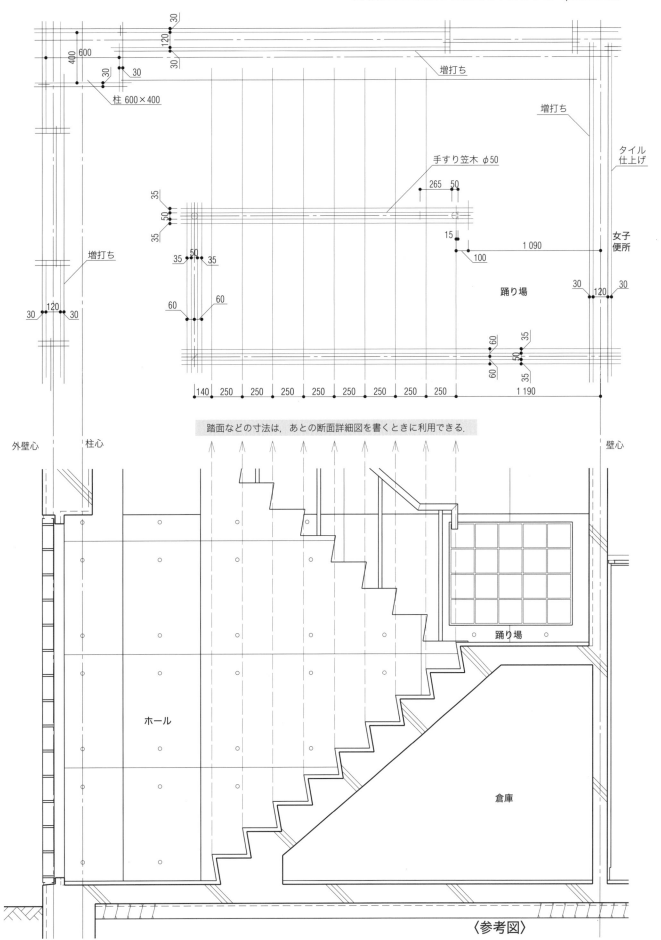

踏面などの寸法は，あとの断面詳細図を書くときに利用できる.

〈参考図〉

3）開口部の下書き

(1) ガラスブロックを下書きする（幅190mm・厚さ95mm
　　で，目地幅10mm）.
(2) はめ殺し窓を下書きする.

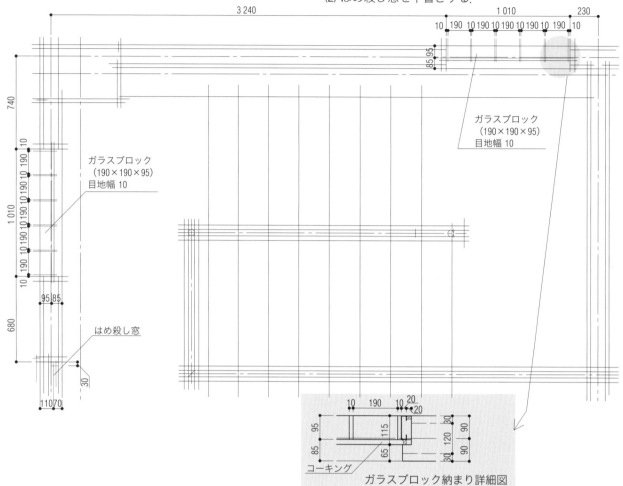

ガラスブロック
（190×190×95）
目地幅 10

ガラスブロック
（190×190×95）
目地幅 10

はめ殺し窓

コーキング

ガラスブロック納まり詳細図

4）躯体・開口部の仕上げ

(1) 躯体（柱・壁）を仕上げる（極太の実線）.
(2) 増打ち部分の躯体線を仕上げる（細い破線）.

(3) ガラスブロック・はめ殺し窓の断面を仕上げる（極太の実線）.
(4) 開口部の姿として見える線を仕上げる（太い実線）.

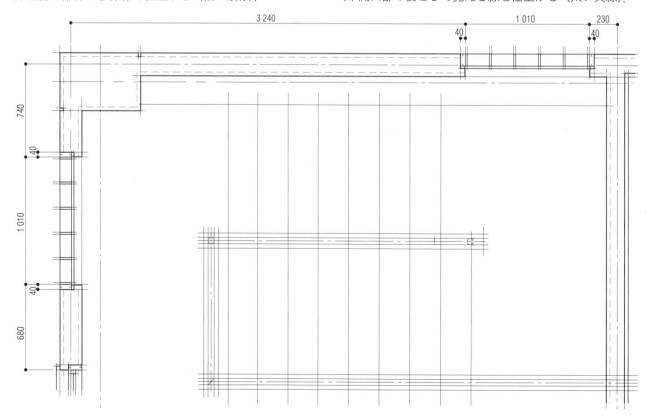

5）手すり・踏面などの仕上げ

(1) 手すり回りを仕上げる（太い実線）.
(2) ノンスリップを記入する（太い実線）.
(3) 2階梁の姿として見える線を仕上げる（太い実線）.
(4) 階段の上り方向を示す矢線を記入する（細い実線）.

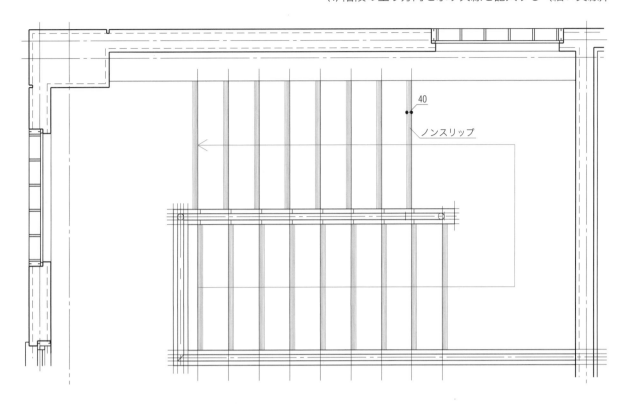

6）材料構造表示記号・寸法・名称の記入

(1) 鉄筋コンクリートの材料構造表示記号を記入する（細い実線）.
(2) 寸法線・寸法補助線を引き（細い実線），寸法を記入する.
(3) 室名，各部の名称，図面名・縮尺を記入し，完成させる.

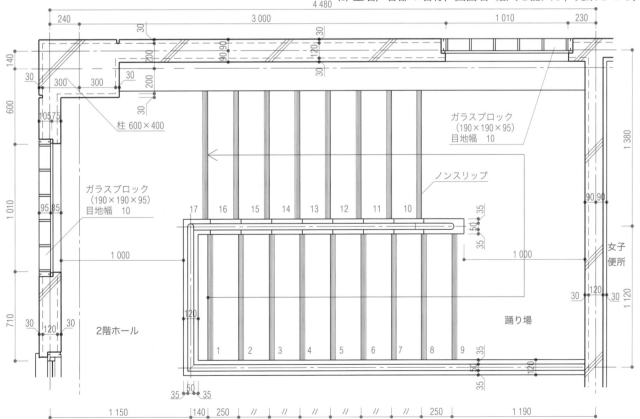

階段回り平面詳細図　1：30

2 断面詳細図

〈完成図〉

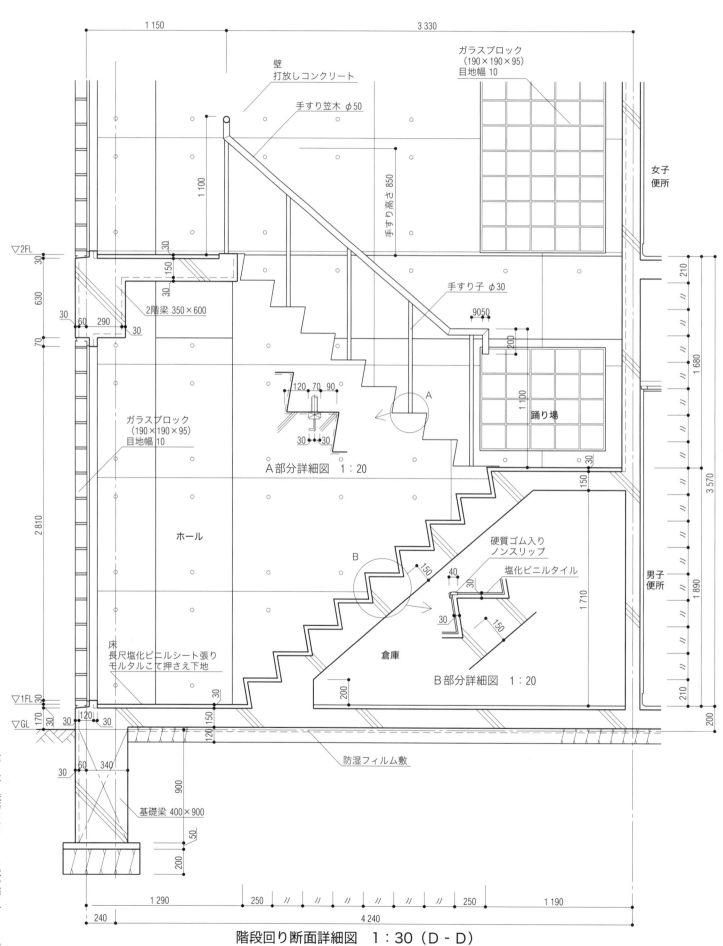

階段回り断面詳細図　1：30（D - D）

1) 基準線・中心線・補助線の記入

階段回りの断面詳細図を 1：30 の縮尺で描く.

(1) 地盤線（GL）①を引く（細い一点鎖線）.

(2) 1階床仕上げ面(1FL)の基準線②を引く（細い一点鎖線）.

(3) 2階床仕上げ面(2FL)の基準線③を引く（細い一点鎖線）.

(4) 踊り場床仕上げ面の基準線④を引く（細い一点鎖線）.

(5) 外壁心⑤を引く（細い一点鎖線）.

(6) 柱心⑥を引く（細い一点鎖線）.

(7) 壁心⑦を引く（細い一点鎖線）.

(8) け上げ・踏面を下書きするために, 補助となる線を引く. （本書では点線であるが, 下書きする線と同じうすい実線で引けばよい.）

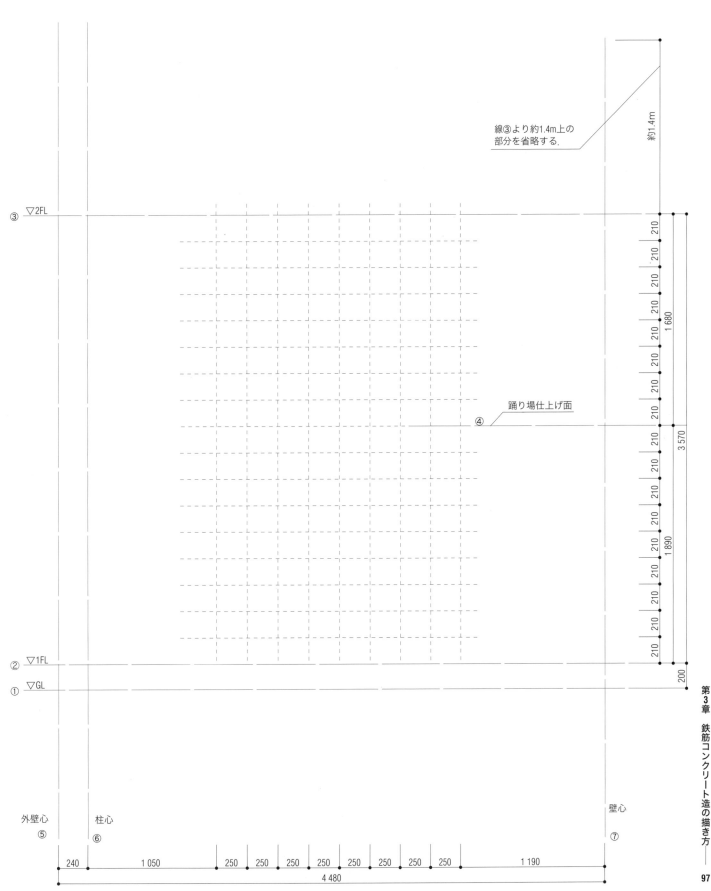

3・7 階段回り詳細図

2) 躯体の下書き

(1) 躯体（壁・梁・床・階段）を下書きする.

(2) 増打ち部分の躯体線を下書きする.

(3) け上げ・踏面は，下図を参照して下書きする.
階段の1段目から9段目までは，1階床から踊り場まで断面として見える部分であり，10段目から17段目までは，階段の姿として見える部分である.

(4) 点Aと点Bを結んだ線C（階段の勾配の線）から階段スラブの厚さ（150mm）をとる.
（線Cは便宜上点線であるが，うすい実線で引けばよい.）

(5) 踊り場を下書きする.

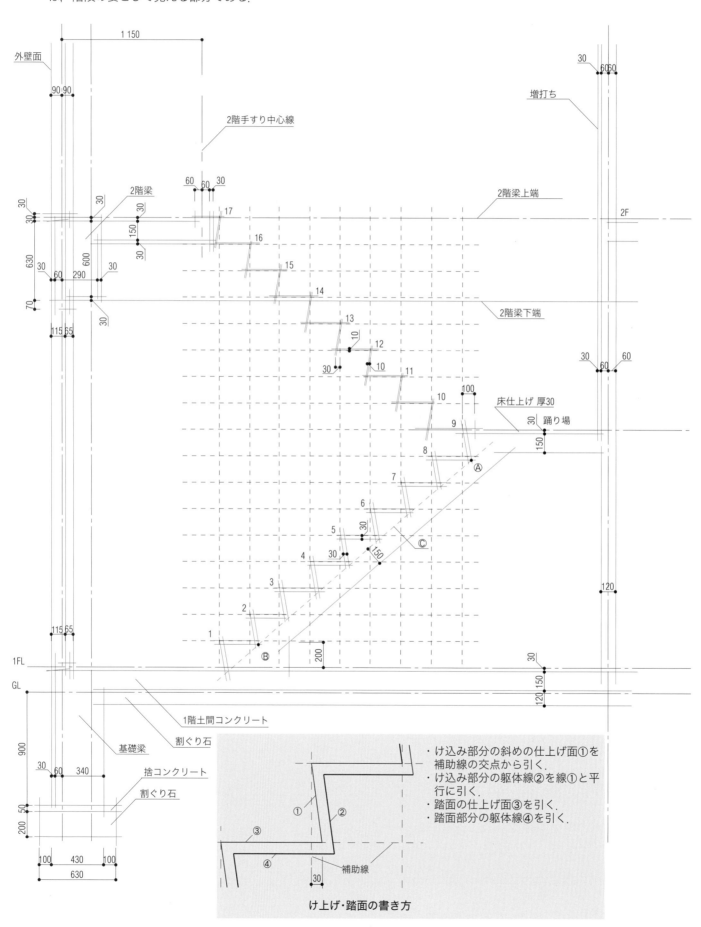

・け込み部分の斜めの仕上げ面①を補助線の交点から引く.
・け込み部分の躯体線②を線①と平行に引く.
・踏面の仕上げ面③を引く.
・踏面部分の躯体線④を引く.

け上げ・踏面の書き方

3) 開口部・手すりなどの下書き

(1) ガラスブロックの断面と姿として見える部分を下書きする.

(2) 踏面先端から手すり上面までの高さ（850mm）をとり,手すり笠木（φ50）を下書きする.

(3) 手すり子中心線を引く（便宜上一点鎖線としているが,薄い実線でよい）.

(4) 手すり子中心線から手すり子幅(30mm)を振り分け,下書きする.

(5) 2階の手すり笠木の断面を下書きする.

(6) 姿として見える柱・壁と便所の床・天井・壁を下書きする（p.106 参照）.

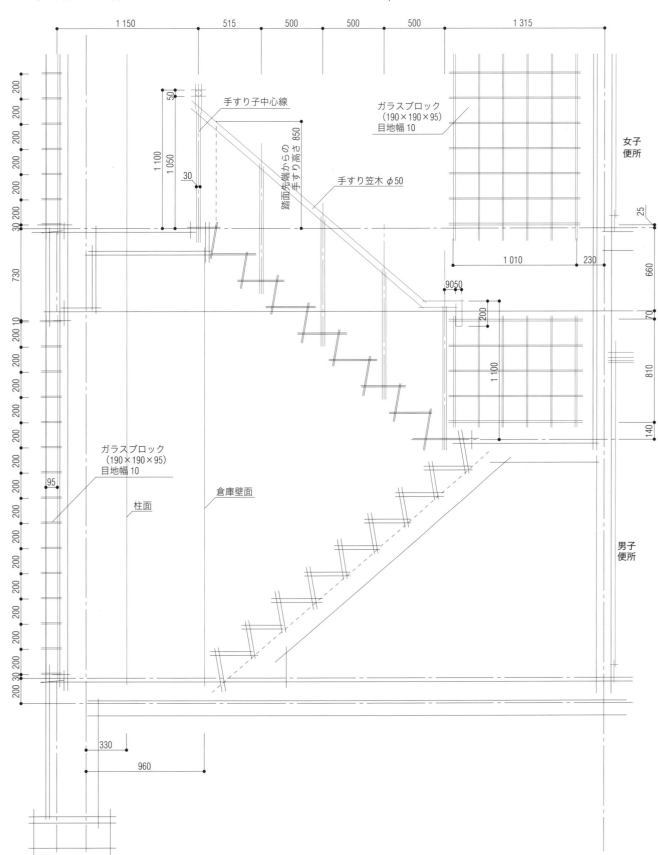

3·7　階段回り詳細図

4）各部仕上げの記入

(1) 躯体（2 階梁・2 階床・基礎梁・1 階床・階段・踊り場・壁）を仕上げる（極太の実線）.

(2) ガラスブロックの断面を仕上げる（極太の実線）.

(3) 捨コンクリート・割ぐり石を仕上げる（極太の実線）.

(4) 便所の床・壁・天井を仕上げる.

(5) 手すり・柱・壁などの姿線を仕上げる（太い実線）.

(6) 姿として見えるガラスブロックを記入する（太い実線）.

(7) 増打ち部分を仕上げる（細い破線）.

(8) パネル割り・セパレータ穴を記入する（細い実線）.

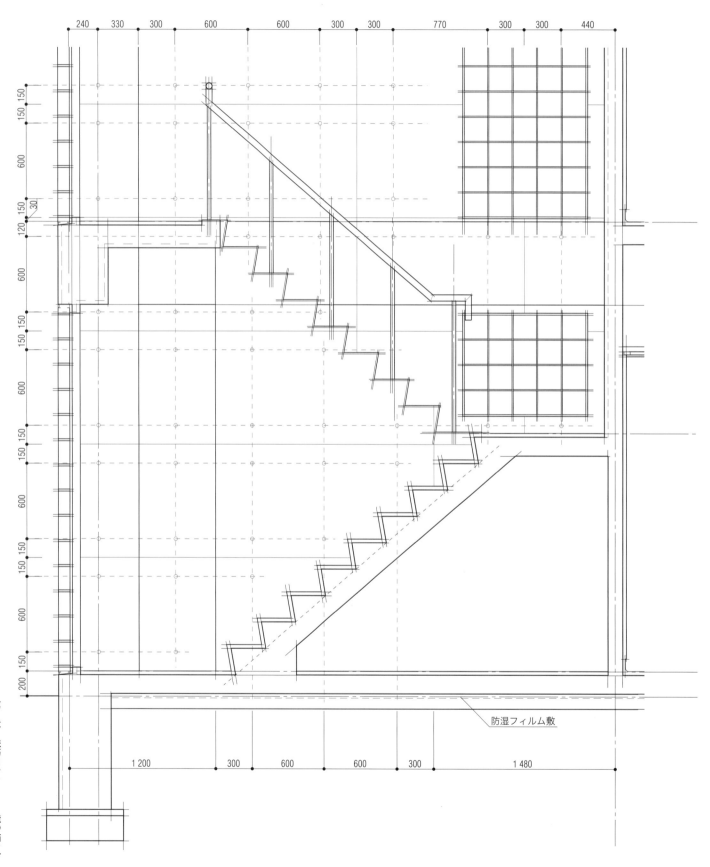

防湿フィルム敷

5) 部分詳細図・材料構造表示記号・寸法・名称の記入

(1) 階段の部分詳細図 A，B を描く．

(2) 地盤・捨コンクリート・割ぐり石の材料構造表示記号を記入する（細い実線）．

(3) 寸法線・寸法補助線を引き（細い実線），寸法を記入する．

(4) 室名，各部の名称，図面名・縮尺を記入し，完成させる．

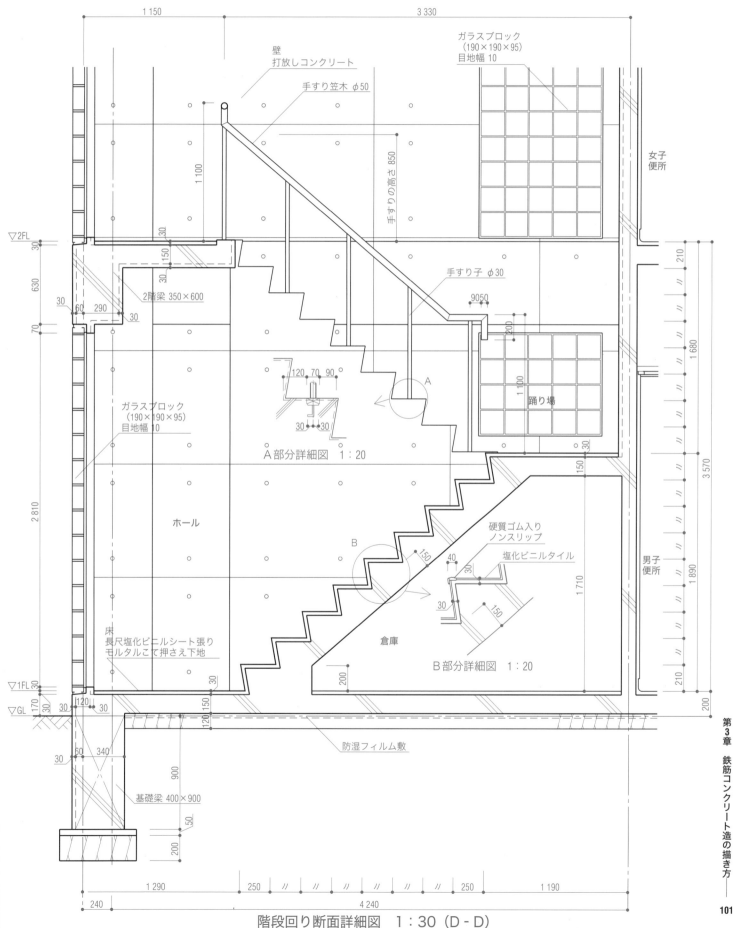

壁
打放しコンクリート

手すり笠木 φ50

ガラスブロック
（190×190×95）
目地幅 10

女子
便所

1 100

手すりの高さ 850

手すり子 φ30

9050

2階梁 350×600

120 70 90

A

30 30

A 部分詳細図　1：20

踊り場

1 100

200

ガラスブロック
（190×190×95）
目地幅 10

ホール

B

硬質ゴム入り
ノンスリップ

150

40

塩化ビニルタイル

30

男子
便所

150

30

B 部分詳細図　1：20

倉庫

200

床
長尺塩化ビニルシート張り
モルタルこて押さえ下地

1 710

1 150　　3 330

1 100

2FL　30

630

2 810

70

30　60　290

30

30　150

30

150

30

30

150

210

1 680

3 570

1 890

210

200

1FL　30

GL

170　30

30　120　30

60　340

30

防湿フィルム敷

120　150

120　150

900

基礎梁 400×900

50

200

240

1 290　　250　　250　　1 190

4 240

階段回り断面詳細図　1：30（D - D）

3・8 便所回り詳細図

■ 1階平面詳細図

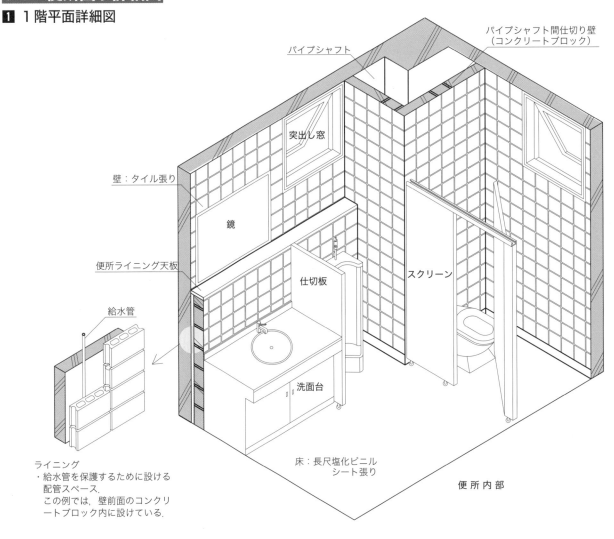

パイプシャフト
パイプシャフト間仕切り壁
（コンクリートブロック）
突出し窓
壁：タイル張り
鏡
便所ライニング天板
仕切板
スクリーン
給水管
洗面台
床：長尺塩化ビニル
シート張り
便所内部

ライニング
・給水管を保護するために設ける
　配管スペース．
　この例では，壁前面のコンクリ
　ートブロック内に設けている．

〈完成図〉

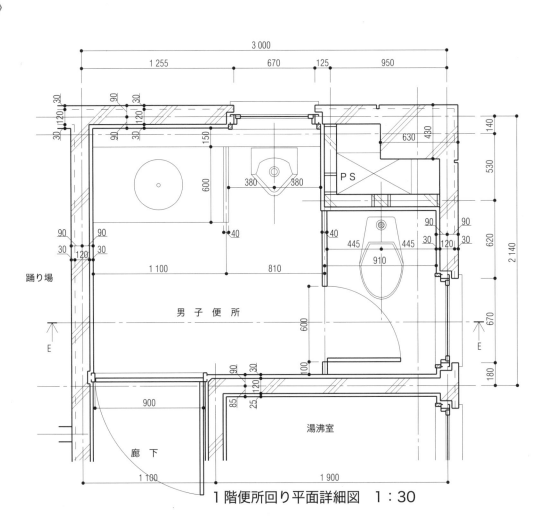

踊り場

男子便所

PS

湯沸室

廊下

1階便所回り平面詳細図　1：30

1) 中心線・躯体の下書き

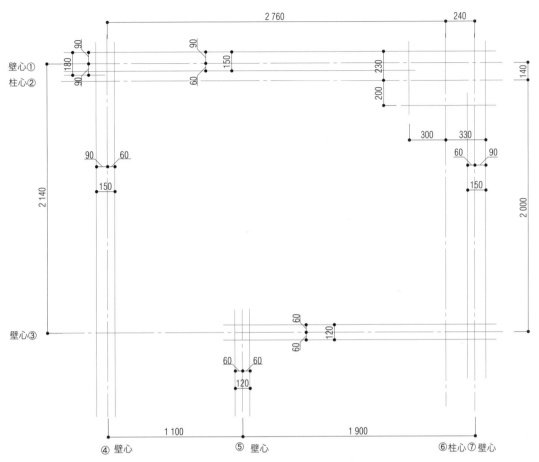

便所回りの平面詳細図を1：30の縮尺で描く.

(1) 柱心・壁心①～⑦を引く（細い一点鎖線）.

(2) 柱心から柱の大きさを振り分け，下書きする.

(3) 壁心から壁の厚さを振り分け，下書きする.

2) パイプシャフト・便所ブースなどの下書き

(1) 壁心からコンクリートブロック（CB）の中心線をとり，ブロックの厚さ（100mm）を振り分け，下書きする.

(2) 壁心から便所のスクリーン・仕切板の中心線をとり，スクリーン・仕切板の厚さ（40mm）を振り分け，下書きする.

(3) 壁心からライニングの厚さ（240mm）をとり，下書きする.

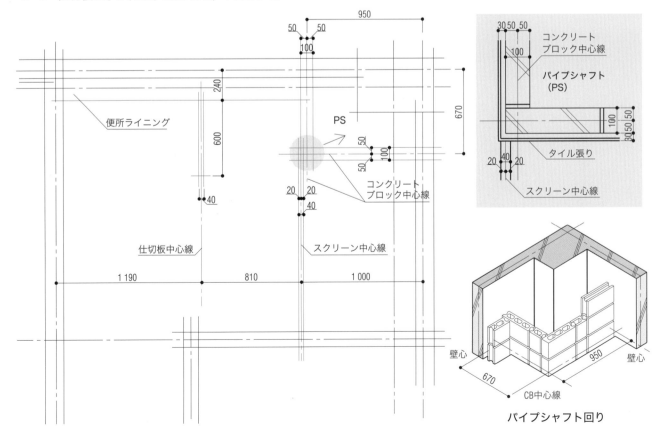

パイプシャフト回り

3）内壁・開口部の下書き

(1) 内壁の厚さをとり，下書きする.
　便所：壁の仕上げ厚さ（30mm, タイル張り下地込）
　湯沸室・廊下：壁の仕上げ厚さ（25mm, ビニルクロス張り下地込）

(2) 壁に窓・出入口の幅をとり，下書きする.

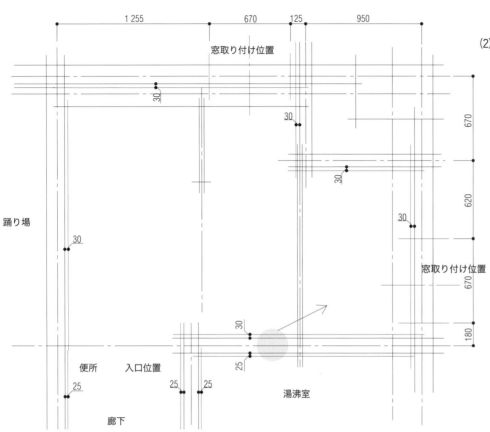

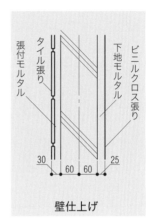

壁仕上げ

4）躯体の仕上げ

(1) 躯体（柱・壁）を仕上げる（極太の実線）.

(2) パイプシャフト（CB部分）を仕上げる（極太の実線）.

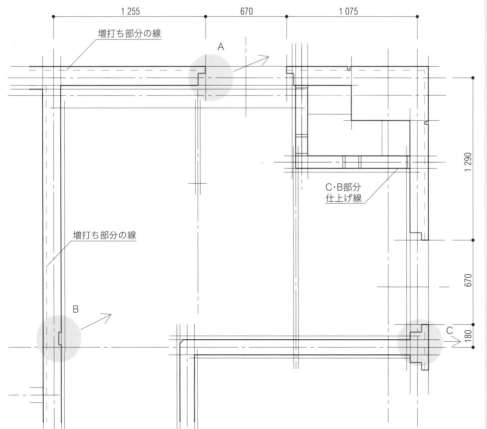

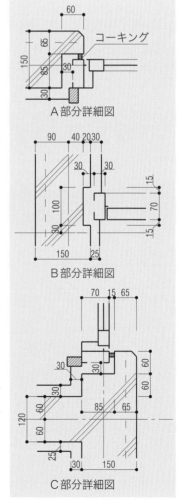

A部分詳細図

B部分詳細図

C部分詳細図

5) 内壁・開口部などの下書き・仕上げ

(1) 外壁面にある窓を下書きする.

(2) 便所入口の片開き扉を下書きする.

(3) 下書きした窓と片開き扉を仕上げる（極太の実線）.

(4) 内壁の下書きした線を仕上げる（極太の実線）.

(5) スクリーン（極太の実線），ライニング・仕切板などを仕上げる（太い実線）.

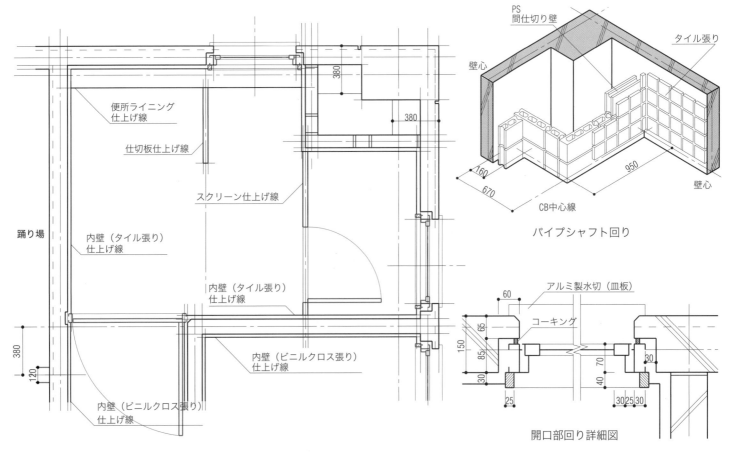

パイプシャフト回り

開口部回り詳細図

6) 設備機器・寸法・名称などの記入

(1) 便器・洗面台を描く（太い実線）.

(2) 鉄筋コンクリート・コンクリートブロックの材料構造表示記号を記入する（細い実線）.

(3) 寸法線・寸法補助線を引き（細い実線），寸法を記入する.

(4) 断面詳細図の切断位置を示す切断線を引く（細い一点鎖線）.

(5) 室名，図面名・縮尺を記入し，完成させる.

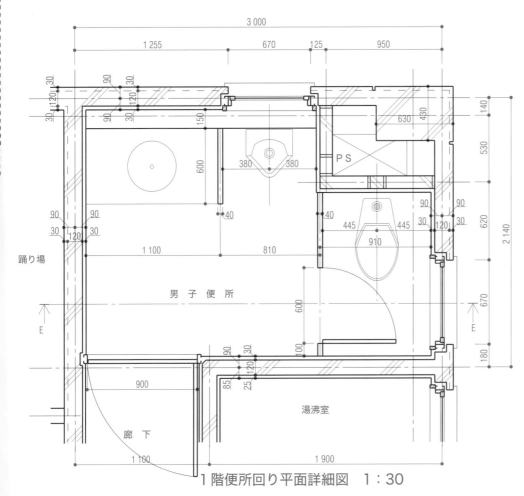

1階便所回り平面詳細図　1：30

第3章　鉄筋コンクリート造の描き方

〈完成図〉

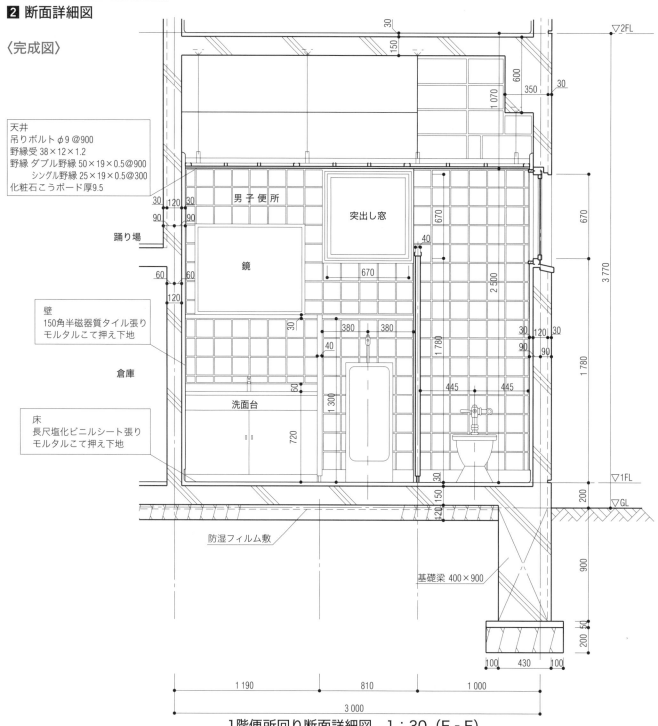

天井
吊りボルトφ9 @900
野縁受 38×12×1.2
野縁 ダブル野縁 50×19×0.5@900
　　　シングル野縁 25×19×0.5@300
化粧石こうボード厚9.5

踊り場

壁
150角半磁器質タイル張り
モルタルこて押え下地

倉庫

床
長尺塩化ビニルシート張り
モルタルこて押え下地

男子便所

突出し窓

鏡

洗面台

防湿フィルム敷

基礎梁 400×900

1階便所回り断面詳細図　1：30（E-E）

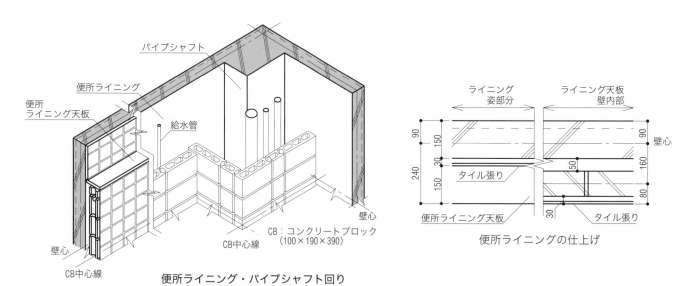

便所ライニング・パイプシャフト回り

便所ライニングの仕上げ

1）躯体・天井などの下書き

天井仕上げ面

内壁仕上げ面

スクリーン

便所ライニング仕上げ面

窓取付位置

内壁仕上げ面

床仕上げ面

▽2FL ③

▽1FL ②

▽GL ①

便所回りの断面詳細図を1:30の縮尺で描く.

(1) 地盤線（GL）①，1・2階床仕上面の基準線②〜③，および壁心④〜⑤を引く（細い一点鎖線）.

(2) 躯体(床・壁・梁・基礎)を下書きする.

(3) 天井（p.88の天井骨組詳細図を参照）・内壁(30mm)・床仕上げ(30mm)を下書きする.

(4) 窓の取り付け位置は1階床仕上面から高さをとり，下書きする.

(5) 便所ライニング・スクリーンなどの位置と高さは，壁心と1階床仕上面から寸法をとり，下書きする（下図参照）.

④ 壁心

仕切板 中心線

スクリーン 中心線

⑤ 壁心

PS

この図（平面詳細図）から，断面図となる壁や姿として見える設備機器などの線を描く.

切断線

E E

第3章 鉄筋コンクリート造の描き方

2）躯体・天井などの仕上げ

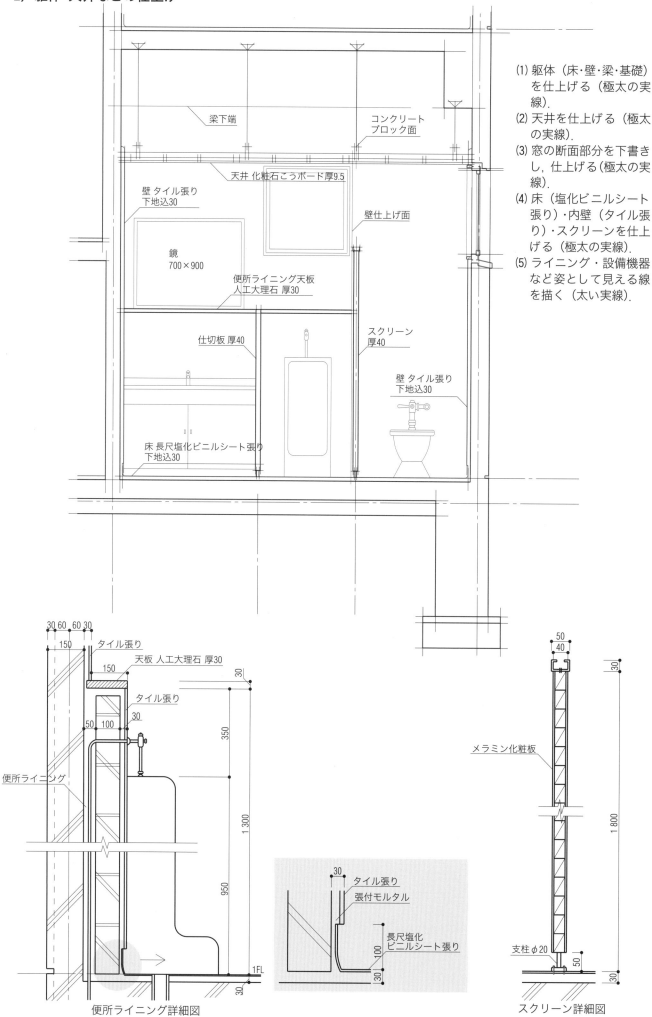

梁下端

コンクリート
ブロック面

天井 化粧石こうボード厚9.5

壁 タイル張り
下地込30

壁仕上げ面

鏡
700×900

便所ライニング天板
人工大理石 厚30

仕切板 厚40

スクリーン
厚40

壁 タイル張り
下地込30

床 長尺塩化ビニルシート張り
下地込30

（1）躯体（床・壁・梁・基礎）
を仕上げる（極太の実
線）．
（2）天井を仕上げる（極太
の実線）．
（3）窓の断面部分を下書き
し，仕上げる（極太の実
線）．
（4）床（塩化ビニルシート
張り）・内壁（タイル張
り）・スクリーンを仕上
げる（極太の実線）．
（5）ライニング・設備機器
など姿として見える線
を描く（太い実線）．

30 60 60 30
150

タイル張り

150

天板 人工大理石 厚30

タイル張り

30

50 100 30

350

1 300

便所ライニング

950

床 長尺塩化
ビニルシート張り
下地込30

1FL

30

便所ライニング詳細図

30

タイル張り

張付モルタル

長尺塩化
ビニルシート張り

100

30

50
40

30

メラミン化粧板

1 800

支柱φ20

50

30

スクリーン詳細図

3) タイル・寸法・名称などの記入

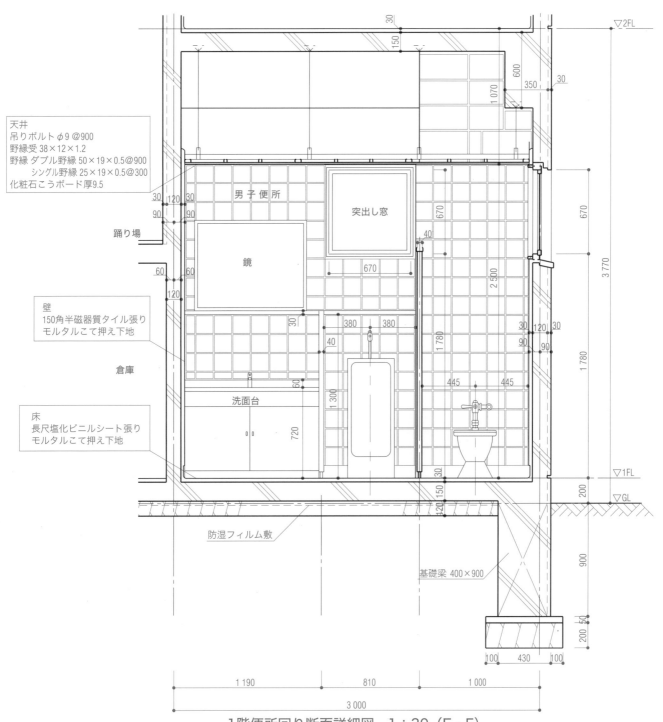

天井
吊りボルト φ9 @900
野縁受 38×12×1.2
野縁 ダブル野縁 50×19×0.5@900
　　　シングル野縁 25×19×0.5@300
化粧石こうボード厚9.5

踊り場

壁
150角半磁器質タイル張り
モルタルこて押え下地

倉庫

床
長尺塩化ビニルシート張り
モルタルこて押え下地

男子便所

突出し窓

鏡

洗面台

防湿フィルム敷

基礎梁 400×900

1階便所回り断面詳細図　1：30（E‐E）

(1) タイル・コンクリートブロックの目地を描く（細い実線）.
(2) 地盤・鉄筋コンクリート・割ぐり石などの材料構造表示記号
　　を記入する（細い実線）.
(3) 寸法線・寸法補助線を引き（細い実線），寸法を記入する.
(4) 室名，図面名・縮尺を記入し，完成させる.

3・9 建具表

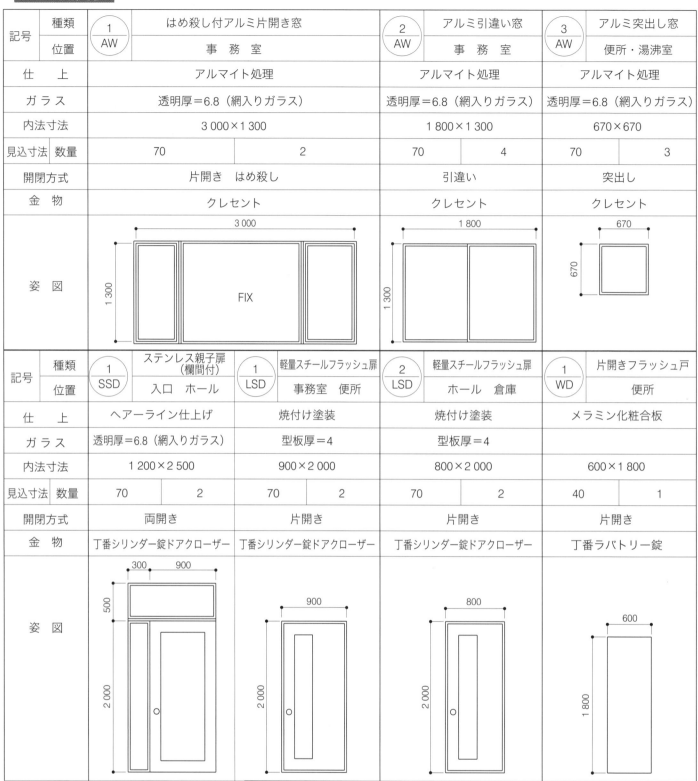

記号	種類	①AW	はめ殺し付アルミ片開き窓	②AW	アルミ引違い窓	③AW	アルミ突出し窓
	位置		事 務 室		事 務 室		便所・湯沸室
仕 上			アルマイト処理		アルマイト処理		アルマイト処理
ガ ラ ス			透明厚＝6.8（網入りガラス）		透明厚＝6.8（網入りガラス）		透明厚＝6.8（網入りガラス）
内法寸法			3 000×1 300		1 800×1 300		670×670
見込寸法	数量	70	2	70	4	70	3
開閉方式			片開き はめ殺し		引違い		突出し
金 物			クレセント		クレセント		クレセント
姿 図			3 000 / 1 300 / FIX		1 800 / 1 300		670 / 670

記号	種類	①SSD	ステンレス親子扉（欄間付）	①LSD	軽量スチールフラッシュ扉	②LSD	軽量スチールフラッシュ扉	①WD	片開きフラッシュ戸
	位置		入口 ホール		事務室 便所		ホール 倉庫		便所
仕 上			ヘアーライン仕上げ		焼付け塗装		焼付け塗装		メラミン化粧合板
ガ ラ ス			透明厚＝6.8（網入りガラス）		型板厚＝4		型板厚＝4		
内法寸法			1 200×2 500		900×2 000		800×2 000		600×1 800
見込寸法	数量	70	2	70	2	70	2	40	1
開閉方式			両開き		片開き		片開き		片開き
金 物			丁番シリンダー錠ドアクローザー		丁番シリンダー錠ドアクローザー		丁番シリンダー錠ドアクローザー		丁番ラバトリー錠
姿 図			300 / 900 / 500 / 2 000		900 / 2 000		800 / 2 000		600 / 1 800

凡例　AW：アルミ窓，SSD：ステンレス扉
　　　LSD：軽量スチールフラッシュ扉，WD：木製扉

＊この建具表は，1階部分のみを示す.
作図順序
(1) 表の大きさは，すべての建具が記入できるようにする.
(2) 記載する内容は，建具の姿図と寸法，建具記号の他，仕上げ，
　　ガラス数量，開閉方式などを記入する.
(3) 建具姿図の縮尺は，1/50とする.
(4) 建具記号図は，略平面図（キープラン）を描き，図中に建具
　　記号を記入する.

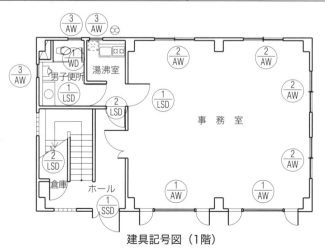

建具記号図（1階）

〈建築のテキスト〉編集委員会

●編集委員長

前田幸夫 （大阪府立西野田工業高等学校）

●編集委員

上田正三 （大阪府立東住吉工業高等学校）

大西正宜 （大阪府立今宮工業高等学校）

岡本展好 （大阪市立第二工芸高等学校）

神野　茂 （大阪府立西野田工業高等学校）

辻尾育功 （大阪府立今宮工業高等学校）

内藤康男 （兵庫県立東播工業高等学校）

丸山正己 （奈良県立吉野高等学校）

吉井　淳 （岡山県立水島工業高等学校）

●執筆者

神野　茂 （大阪府立西野田工業高等学校）

狩野源二 （滋賀県立彦根工業高等学校）

小梶庄次 （滋賀県立八幡工業高等学校）

小山将史 （堺市立工業高等学校）

塩塚義夫 （堺市立工業高等学校）

山岡　徹 （堺市立工業高等学校）

服部正道 （滋賀県立彦根工業高等学校）

（上記の所属校は 1996 年の初版時のものである）

初めての建築製図
1996 年 11 月 25 日　第 1 版第 1 刷発行
1998 年 1 月 20 日　第 2 版第 1 刷発行
1999 年 2 月 20 日　第 3 版第 1 刷発行
2003 年 1 月 20 日　第 4 版第 1 刷発行

新装版　初めての建築製図
2007 年 3 月 20 日　第 1 版第 1 刷発行
2008 年 2 月 20 日　第 2 版第 1 刷発行
2010 年 1 月 20 日　第 3 版第 1 刷発行
2011 年 1 月 20 日　第 4 版第 1 刷発行
2020 年 3 月 20 日　第 5 版第 1 刷発行

※『初めての建築製図』は，1996 年 11
月に初版を発行した．本書はその新装
第 2 版である．

新装第 2 版
初めての建築製図

2021 年 12 月 15 日　　第 1 版第 1 刷発行
2023 年 3 月 20 日　　第 1 版第 2 刷発行

編　者　〈建築のテキスト〉編集委員会

発 行 者　井口夏実

発 行 所　株式会社学芸出版社
　　　　　京都市下京区木津屋橋通西洞院東入
　　　　　〒 600‑8216　☎ 075・343・0811
　　　　　http://www.gakugei-pub.jp/
　　　　　info@gakugei-pub.jp

編集担当　岩切江津子

イチダ写真製版／新生製本

装丁：KOTO DESIGN Inc. 山本剛史

© 〈建築のテキスト〉編集委員会 2021

Printed in Japan　ISBN 978‑4‑7615‑2797‑6

新しい建築の製図　　「新しい建築の製図」編集委員会 編

A4変・128頁（カラー8頁・2色刷32頁）＋折図16頁・本体2400円＋税
ISBN978-4-7615-2375-6

■■内容紹介■■　初めて学ぶ人に最良のテキスト．初学者から実務に携わる建築技術者まで，さらには建築士試験の製図受験者にも役立つよう，基本事項を網羅した．木造2課題（平家・2階建），RC造2課題（ラーメン＋壁式），S造1課題で，それぞれの基本図面をJIS建築製図通則に準拠して描いた．描き方のプロセスも，2色刷でわかりやすく説明した．

初めて学ぶ建築製図　2色刷ワークブック

A4変・112頁（2色刷）・本体2600円＋税
ISBN978-4-7615-2448-7

■■内容紹介■■　木造2階建住宅と鉄筋コンクリート造2階建会館，鋼構造2階建専用事務所を題材に，初めて建築図面を描く場合の基本事項を，プロセスを踏みながらわかりやすく解説．平面図に始まり，断面図・立面図・かなばかり図・伏図・軸組図・詳細図など，各種図面の作図手順を色分けして示し，一つ一つ確実に描き方を習得できるよう工夫した．

初めての建築ＣＡＤ　Windows版 JW_CADで学ぶ

A4変・168頁・本体3200円＋税
ISBN978-4-7615-3096-9

■■内容紹介■■　『初めての建築製図』のCAD版．木造住宅・RC造事務所を題材に，平面図・立面図・かなばかり図などの作図プロセスを色刷りで明示し，CADも製図も初学者という人が同時に学べるよう工夫した．また使用するソフトは，教育・実務で多くの人が使うフリーウェアとして定評があり，その操作マニュアルとしても役立つものとなっている．

改訂版 初めての建築法規

B5・192頁・本体2800円＋税
ISBN978-4-7615-2242-1

■■内容紹介■■　西日本工高建築連盟が著した「建築のテキスト」シリーズ待望の第2弾！！　建築法規を初めて学ぶ人のために，建築基準法および重要関係法令の構成や用語の定義，基本となる理念や内容をやさしく説いた格好のテキスト．終章では実例を示し，法令の諸規定について満足しているかを確認しながら演習ができる．

初めての建築計画　住宅・集合住宅・事務所・幼稚園・図書館

B5・192頁・本体3000円＋税
ISBN978-4-7615-3090-7

■■内容紹介■■　建築計画を学ぶにあたり，まず必要となる計画のたて方・考え方を，見開き対応の豊富な図版と平易な文章で解説．建築計画の概要から，住宅・集合住宅・事務所・幼稚園・図書館といった用途別の建築物の計画を，演習と実例をふまえ学んでいく．既刊『初めての建築環境』との併用で，基礎から応用までを広く学べる最強のテキスト！

初めて学ぶ建築計画

B5・144頁・本体2400円＋税
ISBN978-4-7615-2454-8

■■内容紹介■■　初めて建築計画を学ぶ人の基本的教科書．まず，建築計画の果たす役割や進めかたを解説した．次に，背景として建築と風土・都市・文化，近代における建築デザイン・材料・構造の変化を学ぶ．さらに，環境工学，規模計画，デザイン要素，サステイナブル建築など，建築計画の基礎知識を，最後に住宅の計画の進め方を示した．

改訂版 初めての建築環境

B5・192頁・本体2800円＋税
ISBN978-4-7615-2162-2

■■内容紹介■■　建築に関する基礎的知識の修得を目指して，西日本工高建築連盟が著した「建築のテキスト」シリーズの一冊である本書は，建築物をとりまく自然環境と都市環境の基本的な要素と，快適な室内環境をつくりだすために必要な方法をわかりやすく説く．本文は二色刷，図版を見開きで対応させ，初学者も楽しく学べるよう配慮した．

改訂版 初めての建築施工

B5・184頁・本体3000円＋税
ISBN978-4-7615-3091-4

■■内容紹介■■　木造在来軸組工法から鉄骨構造まで，工法・構造別に工事現場を想定し，施工計画の立て方から地業・基礎工事，仕上げ工事までを各工事の施工手順に従って解説．さらに最終章では各工法に共通する基本的事項を詳解する．建築施工現場の実態に即した解説と図版を，見開き構成で使いやすくまとめた初学者に最良の基本テキスト．

初めての建築設備

B5・184頁・本体2800円＋税
ISBN978-4-7615-2245-2

■■内容紹介■■　建築空間に快適環境を求める声はますます高まっている．建築物の近代化・高層化・大空間化に伴って，建築設備はそのウエートを大きくしている．本書は，建築設備を学ぶ初学者に向けて，建築設備の概要，空気調和設備，給排水衛生設備，電気設備のそれぞれ基本事項を，見開き構成で図版を多用して，わかりやすく解説した．

改訂版 初めての建築材料

B5・176頁・本体2800円＋税
ISBN978-4-7615-2244-5

■■内容紹介■■　各種構造材料，仕上材料から塗料，接着剤まで，建築に関するあらゆる材料について，種類，性質，用途，製造過程，施工例などを体系的に詳しく解説．多彩な写真，図版や実験データをもとに，見開き構成でわかりやすくまとめた．材料に関する最新の情報も取り入れられ，SI単位にも対応している．初学者に最適な入門テキスト．

改訂版 初めての建築構造力学

B5・192頁・本体2800円＋税
ISBN978-4-7615-2243-8

■■内容紹介■■　建築学を学ぶ上で，誰もが苦手だというが決して避けては通れない構造力学．問題を解く上でのポイントをつかみやすくするために，数式による解法とともに，数多くの図版を用いて解説している．力，構造物，静定ラーメン，静定トラスなどを，基礎から体系的に学びたい初学者に役立つような構成となっている．

初めての建築構造設計　構造計算の進め方

B5・240頁・本体3200円＋税
ISBN978-4-7615-2164-6

■■内容紹介■■　鉄筋コンクリート構造と鉄骨構造の構造計算書を例示し，対面頁でその構造計算の具体的な手順を丁寧に解説した見開き2頁構成．特に重要な用語については，最終章でさらに詳しい解説を付した．数多くの図表と対話形式による解説を随所に取り入れるなど，親しみやすくわかりやすい記述に十分配慮した初学者に最適なテキスト．

改訂版 初めての建築一般構造

B5・176頁・本体2800円＋税
ISBN978-4-7615-2165-3

■■内容紹介■■　建築の構造を学ぶうえで，知っておかなければならない基礎的な知識を，木構造，鉄筋コンクリート構造，鉄骨構造を中心に多くの図表を用いて詳しく解説．各テーマの解説を1頁ごとにまとめたレイアウト構成で，親しみやすくわかりやすい記述に十分配慮した．日頃建築教育に携わる編者の創意工夫を広く集めた格好の入門書．

改訂版 初めての建築積算

B5・176頁・本体2800円＋税
ISBN978-4-7615-2163-9

■■内容紹介■■　建築教育に実際に携わる編者による「建築のテキスト」シリーズ．本書「初めての建築積算」は，建築数量積算基準にもとづく土工，躯体，仕上げの数量を，鉄筋コンクリート造，鉄骨造，木造の設計例を用いてわかりやすく解説した．また，図版を数多く取入れ，基礎的な知識を得るための手引き書として幅広い読者層を考慮した．

初めて学ぶ建築コンペ・卒業設計

A4・96頁・本体2200円＋税
ISBN978-4-7615-2447-0

■■内容紹介■■　学習した知識を生かし，技術を研鑽する絶好の機会である建築のアイデアコンペや，卒業設計にいかに取り組むか．本書は，課題の分析によるコンセプトづくりから，エスキースのプロセス，図面や模型での表現，プレゼンテーションの方法までを，順を追って丁寧に解説した．実例豊富，迷える初挑戦者にも頼りになる必携の参考書．